海上丝绸之路沿线国家投资环境与产能合作

隋广军 李青·主编

坦桑尼亚投资环境与产能合作研究

程永林 林琼婷 荆鑫峰·编著

时事出版社
北京

"海上丝绸之路沿线国家投资环境与产能合作"丛书

主　编　隋广军　李　青
副主编　刘继森　曾楚宏

关注海上丝绸之路沿线，促进合作共赢

　　经济全球化不断推进，国际贸易合作日渐深化，合作共赢成为时代的主旋律。2013年9月和10月，中国国家主席习近平在出访中亚和东南亚国家期间，先后提出共建"丝绸之路经济带"和"21世纪海上丝绸之路"（简称"一带一路"）的重大倡议，受到国际社会高度关注。与此同时，中国高层领导主动引领推动，就双边关系和地区发展问题，多次与有关国家元首和政府首脑进行会晤，深入阐释"一带一路"的深刻内涵和积极意义，共建人类命运共同体。共建"一带一路"旨在促进经济要素有序自由流动、资源高效配置和市场深度融合，推动沿线各国实现经济政策协调，开展更大范围、更高水平、更深层次的区域合作，共同打造开放、包容、均衡、普惠的区域经济合作架构。沿线各国资源禀赋各异，经济互补性较强，彼此合作潜力和空间很大。共建"一带一路"倡议取得了丰硕成果，事实证明共建"一带一路"倡议顺应时代潮流，适应发展规律，符合各国人民利益，具有广阔前景。

　　当代国际环境变化多变，共建"一带一路"面临着新的机遇与挑战。为了进一步推动共建"一带一路"，我们组织编撰

出版"海上丝绸之路沿线国家投资环境与产能合作"系列丛书。此套丛书汇聚海上丝绸之路沿线 24 个国家，内容涵盖各国政治与法律、投资贸易、产业发展与合作计划等内容。着重分析沿线相应国家的投资环境和产能合作机遇，目的是为政府和企业提供关于沿线国家相对翔实的资料，对中国与沿线国家的经贸合作提供一定的借鉴和帮助，为共建"一带一路"贡献一份力量。

本套丛书由广东国际战略研究院、广东外语外贸大学 21 世纪海上丝绸之路协同创新中心（省部共建），教育部科技委战略研究基地负责组织与策划，广东外语外贸大学非洲研究院、太平洋岛国战略研究中心、拉丁美洲研究中心、东方语言文化学院、商学院等部门的教师与研究员参与编写，汇集了广东外语外贸大学多个学科的力量与智慧。丛书在组织与编写过程中也得到了各位同仁与出版社的大力支持，使得这套书能够尽快与读者见面。尽管在编撰过程中力求精准，但由于时间和精力有限，难免会有疏忽，望读者批评指正。

前　言

　　坦桑尼亚位于非洲东部、赤道以南。北与肯尼亚和乌干达交界，南与赞比亚、马拉维、莫桑比克接壤，西与卢旺达、布隆迪和刚果（金）为邻，东临印度洋。国土面积94.5万平方千米，截至2024年7月，全国总人口约6544万人，是以班图人为主的多部族社会，有126个民族。坦桑尼亚国民经济以农牧业为主，结构单一、基础薄弱、发展水平低下，是联合国公布的48个世界上最不发达国家之一。为了顺应经济全球化发展的需要，坦桑尼亚自2003年通过《国家贸易政策》，进一步确定了发展对外贸易带动国内生产总值增长的战略，对外贸易发展迅速，贸易领域发展潜力巨大。不仅如此，坦桑尼亚积极改善投资营商环境，经济持续多年保持良好增长势头，已经日益显现出巨大的国内市场发展潜力和投资机遇。2011年，坦桑尼亚出台《国家发展规划五年计划（2011—2015年）》，确定了农业、基础设施、工业、旅游、人力资源、信息通信六大优先发展领域。目前，坦桑尼亚的公共政策致力于改善民生，强调经济发展成果必须惠及普通百姓。经济增长连续多年超过6.5%，在非洲名列前茅，矿业和旅游业发展势头强劲，投资环境不断改善，外国直接投资持续增长。根据联合国贸易和发展会议历年发布的《世界投资报告》，坦桑尼亚吸收外国直接投资依然位列最不发达国家行列。但是，近年来其吸纳投资增速迅猛，营商环境不断改善，产能合作空间日益增大。其中外资主要集中在矿业、旅游业、农业、制造业和通信业等领域。坦桑尼亚政府鼓励外商投资农业、教育、医疗、公路、铁路、机场等基础设施项目。目前，英国、美国、中国、印度、肯尼亚、南非等是坦桑尼亚主要的外资来源地，其中，来自中国、南非、印度等新兴经济体的投资日益活跃。

坦桑尼亚成为世界贸易组织成员后，金融管理体制逐渐朝着国际规范化方向发展。当前坦桑尼亚国内银行体系构成主要包括三类：一是原有国有银行改制而成的商业银行，包括国家商业银行、农村合作银行、投资银行、邮政储蓄银行等，这些银行基本由国家控股；二是本地私营银行，主要由在当地从事商业活动的印度人和巴基斯坦人开设；三是外国投资开办的银行，英国、美国和南非投资开办的银行在坦桑尼亚具有较大影响力。近年来，坦桑尼亚政府根据减贫战略计划需要设立了一些政策性非银行金融机构，包括坦桑尼亚社会行动资金、国家乡村基金、小额信贷基金、农业投入信托基金、全国企业家发展基金等。

坦桑尼亚虽然实行外汇管制，但政策较为宽松。金融管理部门对外汇兑换业务持开放态度，外汇兑换相对简便，大多数银行都可以从事本国货币（先令）和外汇业务，其外汇汇率指导价格由银行间外汇交易市场决定。由于同处东非共同体的原因，坦桑尼亚先令与肯尼亚先令和乌干达先令也实现了自由兑换，坦桑尼亚银行还可发放以这两国货币计价的贷款。

中国与坦桑尼亚自建交以来，政府间一直保持着良好关系，两国关系发展顺利，为中国企业走向坦桑尼亚奠定了良好基础，也为中国企业在坦桑尼亚的投资提供了一定保障。在此基础上，本书以中非农业投资有限公司等为案例，对其投资环境和中坦产能合作进行具体探析。

本书由程永林、林琼婷、荆鑫峰负责组织编著、修改和统稿，部分学生参与了章节初稿的编写：朱晓琪、林琼婷、林冰洁、魏俊锋、麦健聪、林琼婷、何慧榕、侯雅玲。荆鑫峰、杨梦瑶、林琼婷、魏俊锋、邓泽颖、唐海兰、邓海锋、钟婉晴、谢宜亨等参与本书稿的后续写作和修改完善工作，在此一并致谢。

本书为国家社科基金重大项目"积极参与全球经济治理体系改革研究"（项目编号：21ZDA097）、广东外语外贸大学校级重大项目"我国积极参与全球治理体系改革和建设研究"（项目编号：299 - GK22G329）、广东国际战略研究院年度课题"新质生产力赋能'一带一路'高质量发展：中国经验与湾区实践"（项目编号：219 - X5224155）的阶段性成果。

本书在编写过程中吸收了国内外专家、学者的研究成果，参考了大量相关著作、文献和网络资料，在此谨向所有专家、学者表示衷心的感谢！因时间仓促，学力未逮，书中难免有错漏之处，恳请读者批评指正。

目录
contents

第一章　坦桑尼亚国家概述 …………………………………… 1
　一、坦桑尼亚的地理环境 ………………………………… 2
　二、坦桑尼亚的自然资源 ………………………………… 5
　三、坦桑尼亚的民族与人口 ……………………………… 9
　四、坦桑尼亚的文化习俗 ………………………………… 10
　五、坦桑尼亚的历史沿革 ………………………………… 14

第二章　坦桑尼亚政治与法律 ………………………………… 31
　一、坦桑尼亚政治制度与政治生态 ……………………… 31
　二、坦桑尼亚法律制度与法律状况 ……………………… 41

第三章　坦桑尼亚投资与贸易 ………………………………… 48
　一、坦桑尼亚的市场投资环境 …………………………… 48
　二、坦桑尼亚的对外贸易 ………………………………… 75

第四章　坦桑尼亚产业发展与合作机会 …………… 120
  一、坦桑尼亚产业发展状况 ……………………………… 120
  二、坦桑尼亚市场投资机会与中坦产业合作 …………… 150

参考文献 ………………………………………………… 165

第一章　坦桑尼亚国家概述

坦桑尼亚全称坦桑尼亚联合共和国，是人类发源地之一，由坦噶尼喀和桑给巴尔于 1964 年 4 月 26 日合并建立，初称坦噶尼喀和桑给巴尔联合共和国，1964 年 10 月 29 日改为现名。改国名前，全国举行过国名评选活动，最后内阁选中坦桑尼亚。坦桑尼亚一词分别由代表坦噶尼喀和桑给巴尔的词头 tan 与 zan，加上斯瓦希里语名词借用拉丁语的意指地名的后缀 ia 组成，意为由坦噶尼喀和桑给巴尔联结起来的国家。

坦桑尼亚位于非洲东部、赤道以南。英联邦成员国之一，公元前就同阿拉伯、波斯和印度等地有贸易往来。北与肯尼亚和乌干达交界，南与赞比亚、马拉维、莫桑比克接壤，西与卢旺达、布隆迪和刚果（金）为邻，东临印度洋。国土面积 94.5 万平方千米，截至 2024 年 7 月，全国总人口约 6544 万人，是以班图人为主的多部族社会，有 126 个民族。

坦桑尼亚是联合国宣布的世界最不发达国家之一。经济以农业为主，平年粮食基本自给。工业生产技术低下，日常消费品需进口。1967 年推行"乌贾马运动"，致使经济发展严重滞后。1986 年起接受国际货币基金组织和世界银行的调改方案，连续三次实行"三年经济恢复计划"。坦桑尼亚资源丰富、市场广阔，政治环境也逐渐稳定。近几年，为了顺应全球化发展的需要，坦桑尼亚积极改善投资环境，经济持续多年保持增长势头，日益显现出巨大的市场潜力和投资机遇。

一、坦桑尼亚的地理环境

（一）位置境域

坦桑尼亚位于非洲东部，地处南纬1°—12°，东经29°—41°之间。其最北端的布科巴在南纬1°，最南端的姆塔利卡在南纬12°，最西端的基戈马在东经29°，最东端的姆特瓦拉在东经41°。坦桑尼亚由大陆（原坦噶尼喀）和桑给巴尔两个部分组成。坦桑尼亚大陆东临印度洋，海岸线长约840千米。从北向西、向南，分别与8个国家相邻。北部是肯尼亚和乌干达，边界线分别为796千米和396千米；西北部是卢旺达和布隆迪，边界线分别为217千米和451千米；西部隔坦噶尼喀湖与刚果（金）相望；西南部与赞比亚和马拉维交界，边界线分别为338千米和475千米；南部与莫桑比克接壤，边界线为750千米。坦桑尼亚大陆同这些邻国的边界线总长约为3900千米。桑给巴尔由桑给巴尔岛（当地人称温古贾岛）、奔巴岛和附近50多个岛礁组成，位于南纬5°—6°，东经39.5°，南北长86.9千米，东西最大宽度38.6千米，领土面积为2654平方千米，其中桑给巴尔岛 1666 平方千米，奔巴岛 988 平方千米。桑给巴尔位于非洲大陆以东的印度洋中，距达累斯萨拉姆 41.8 千米，与非洲东海岸最窄处的距离约为 34 千米。另外，坦桑尼亚还东隔印度洋与塞舌尔遥遥相望。坦桑尼亚全境南北长 1180 千米，东西宽 1200 千米，总面积为 94.5 万平方千米，是东非面积最大的国家。

由此可见，坦桑尼亚位于东非的中心，辐射功能较强，且大陆海岸线长，对外联系方便。

（二）地形

坦桑尼亚全境地形西北高，东南低，呈阶梯状。东部沿海为低地，西部内陆高原面积占内陆总面积一半以上，平均海拔 1200 多米。自东南向西北，由海拔 6—10 米的滨海平原，到 60—80 米的丘陵，再过渡到 300—400 米和 1000—1500 米的高原。东非大裂谷从马拉维湖分东西两支纵贯南北。东北部的乞力马扎罗山的乌呼鲁峰海拔 5895 米，是非洲最高峰。

（三）气候

坦桑尼亚东部沿海地区和内陆的部分低地属热带草原气候，西部内陆高原属热带山地气候，大部分地区平均气温 21—25℃。桑给巴尔的 20 多个岛屿属热带海洋性气候，终年湿热，年平均气温 26℃。

降雨类型分为双峰态分布和单峰态分布。具有双峰态分布降雨的区域包括维多利亚湖盆地周边省份、东北部高地、沿海及内陆的东北部，双峰态分布降雨区域的特点是有长短两个雨季，长雨季出现于3月至5月，降雨量达300—600毫米，短雨季出现于9月至12月，总降雨量可达200—500毫米；双峰态分布降雨区域之外的区域均属单峰态分布降雨区域，降雨时间从11月至次年4月，降雨量达500—1000毫米。

（四）水文

坦桑尼亚主要河流有鲁菲吉河（长1400千米）、潘加尼河、鲁伏河、瓦米河等。湖泊众多，有维多利亚湖、坦噶尼喀湖和马拉维湖等。

（五）行政区划

1. 区划

坦桑尼亚全国划分为31个省，其中大陆26个，桑给巴尔5个。全国现有195个县，原首都为达累斯萨拉姆，后迁都多多马。

2. 主要城市

达累斯萨拉姆为坦桑尼亚第一大城市，是经济和政治中心，为印度洋沿海城市，人口约600万（2021年），年平均气温25.8℃。姆万扎为坦桑尼亚第二大城市，经济比较发达，紧邻非洲第一大湖——维多利亚湖。阿鲁沙为坦桑尼亚第三大城市，距离非洲第一高峰——乞力马扎罗山60千米，周围有塞伦盖蒂国家公园、恩戈罗恩戈罗自然保护区，每年世界上最大的动物大迁徙便发生在此。

3. 首都

坦桑尼亚的官方首都是多多马，位于南部高地的东端，海拔1115米，距离达累斯萨拉姆400千米，是交通中心城市，人口约45万（2021年）。

由于地理位置以及经济、政治等原因，坦桑尼亚本国之外的人都认为达累斯萨拉姆是坦桑尼亚现在的首都。事实上达累斯萨拉姆并不是坦桑尼亚的首都，达累斯萨拉姆在1891—1916年为德属东非（德国在非洲的殖民地）的首都，1961—1964年为坦噶尼喀的首都，后来为坦桑尼亚首都。1974年，坦桑尼亚国民议会决定把首都迁往多多马。

二、坦桑尼亚的自然资源

（一）能源和矿产资源

坦桑尼亚矿产资源丰富，但总体开发程度不高，目前除天然气、钻石、宝石、黄金、镍矿、盐矿、磷酸盐、煤、石膏、瓷土和锡矿等被部分国际矿业公司开采外，其他均未得到开发利用。截至2021年数据表明：

黄金。大陆许多地区均有发现，其中维多利亚湖在地质和规模上可与澳大利亚、加拿大、南非及津巴布韦的主要黄金产地相媲美，已探明储量1800万盎司，估计储量高达3000万盎司。

钻石。目前已知的300个金伯利岩中约20%储有钻石，已探明钻石矿储量约250万吨（含量6.5克拉/吨）。此外，600处地质特性类似的金伯利岩及东非大裂谷、鲁克瓦湖和塞勒斯盆地边缘的冲积地带也有钻石矿藏。

宝石。红宝石、绿宝石、祖母绿、坦桑蓝、石榴石、电气石等均有发现。

铁矿。探明储量1.3亿吨，估计储量超过3亿吨。

磷酸盐。探明储量1000万吨。

钛。探明储量3350万吨。

钕镨稀土金属矿。探明储量1900万吨。

锡、钨。探明储量25万吨。

高岭土。估计储量20亿吨。

黑砂。估计储量4725万吨。

镍。探明储量405万吨。

纯碱。估计储量100万吨。

氦气。探明储量15.29亿立方米。

煤炭。探明储量3.24亿吨，估计储量20亿吨以上。

天然气。探明储量5.7万亿立方米。

铀矿。探明储量20万吨，品位0.1%以上。

此外，坦桑尼亚还有铅、锌、石墨、铂、铬、锰、水银、银、钼、钒、铝土矿、石灰石、石膏、云母等。

（二）农林资源

坦桑尼亚是一个农业国，近年来，坦桑尼亚政府提出"农业第一"和南部经济发展走廊计划等农业战略，大力推动农业生产，粮食不断增产，丰年自给有余并可少量向邻国出口。坦桑尼亚主要粮食作物有玉米、小麦、稻米、高粱、小米、木薯等，出口农产品中以棉花、剑麻、腰果、咖啡、烟草、茶叶、丁香为主，约占外汇收入的80%。最主要的经济作物是剑麻和丁香，产量居世界首位，因此坦桑尼亚也被称为"丁香之国"。

坦桑尼亚全国森林面积约46.21万平方千米，约占国土面积的46%，许多林木产量居世界前列，如安哥拉紫檀、乌木、桃花心木、栲树等。

（三）旅游资源

坦桑尼亚是世界上旅游业发展最快的国家之一，近年来，旅游业以每年约30%的速度增长。坦桑尼亚旅游资源丰富，1/3的国土为国家公园、动物保护区和森林保护区，共有塞伦盖蒂国家公园、恩戈罗恩戈罗自然保护区等15个国家公园，以及50个野生动物保护区、1个生态保护区、2个海洋公园和2个海洋保护区。国内自然景观众多，非洲三大湖泊——维多利亚湖、坦噶尼喀湖和马拉维湖均处在坦桑尼亚边境线上，海拔5895米的非洲第一高峰乞力马扎罗山世界闻名。其他自然景观有恩戈罗恩戈罗火山口、东非大裂谷、马尼亚拉湖等，另有桑岛奴隶城、世界最古老的古人类遗址、阿拉伯商人遗址等独特的历史人文景观。除此之外，坦桑尼亚共有126个民族，拥有绚丽、独特的部族文化，文化旅游资源得天独厚。1999年，坦桑尼亚被非洲旅游国际会议评为非洲第五大旅游目标国。2001—2013年，坦桑尼亚总计接待游客787万余人次，其中2013年赴坦桑尼亚旅游人数约为109.5万人次，旅游业收入约为18亿美元。2016年1月至10月共计有102万人次游客，同比增加约10万人次，2021年坦桑尼亚接待外国游客92.3万人次，旅游收入12.54亿美元，同比增长76%。

1. 景点特色

乞力马扎罗山是非洲的最高山，并且是世界最高独体山。

塞伦盖蒂国家公园堪称最著名的野生动物庇护所，其中有包括非洲"五大兽"（非洲狮、非洲象、非洲豹、野牛、黑犀牛）在内的35种平原动物，最惊心动魄的是成群的角马、斑马及瞪羚组成的动物大迁徙。

恩戈罗恩戈罗自然保护区中有世界保存最完好的圆形火山口，火山口中有各种独具特色的野生动物，这是非洲少数几个能够同时看到非洲"五大兽"的地方之一。此地也因古火山口、奥杜威峡谷、175万年前的东非人头盖骨化石和350万年前的莱托利脚印化石而闻名。

萨阿达尼国家公园是难得一见的与印度洋相连的野生动物园。

马哈雷与冈贝国家公园是濒危黑猩猩的家园。

桑给巴尔海滩的建筑与人文景观反映出当地丰富的文化遗

存，阿拉伯文化与非洲文化在此交相辉映。

玛菲雅岛海滩是令海钓爱好者和潜水爱好者无比兴奋的地方。

2. 世界遗产

截至 2022 年，坦桑尼亚共有 7 处世界遗产，详见下表：

表 1-1　坦桑尼亚世界遗产分布

	名称	类型	所在地
1	塞伦盖蒂国家公园	自然遗产	马拉省
2	恩戈罗恩戈罗自然保护区	自然文化双遗产	阿鲁沙省
3	乞力马扎罗国家公园	自然遗产	乞力马扎罗省
4	孔多阿岩画遗址	文化遗产	多多马省
5	桑给巴尔石头城	文化遗产	桑给巴尔岛
6	塞卢斯禁猎区	自然遗产	莫洛戈罗省、林迪省
7	基尔瓦和松加姆纳拉遗址	文化遗产	林迪省

三、坦桑尼亚的民族与人口

截至 2022 年，坦桑尼亚总人口约 6174 万人，有 126 个民族，人口较多的有苏库马、马孔德、查加、尼亚姆维齐、尼亚克育萨、哈亚、赫赫、贝纳和戈戈等民族。其中人口超过 100 万的民族有苏库马、尼亚姆维奇、查加、赫赫、马康迪和哈亚族。还有一些阿拉伯人、印度人、巴基斯坦人和欧洲人后裔。坦尼亚桑人分属 4 大种族和 126 个民族。4 大种族即班图人、苏丹人、库希特人和科伊桑人，其中班图人包括100多个部族，约占坦桑尼亚总人口的95%。尼罗特语系人占总人口的4%，另外1%的人口由阿拉伯人、印度人和巴基斯坦人和欧洲人后裔及上述少数民族与当地人通婚的后代组成。

四、坦桑尼亚的文化习俗

（一）语言

斯瓦希里语为坦桑尼亚国语，与英语同为官方通用语。阿拉伯语在桑给巴尔岛应用广泛。

（二）节日

表1-2　坦桑尼亚重要节假日

名称	日期
新年	1月1日
桑给巴尔革命日	1月12日
耶稣受难日	复活节前一周的星期五
复活节星期一	复活节后的第一个星期一
卡鲁姆日	4月7日
坦桑尼亚联合日	4月26日
国际劳动节	5月1日

续表

名称	日期
萨巴节	7月7日
农民节	8月8日
开斋节	根据伊斯兰教历确定
圣纪节	根据伊斯兰教历确定
朝圣节	根据伊斯兰教历确定
尼雷尔日	10月14日
坦噶尼喀独立日	12月9日
圣诞节	12月25日
节礼日	12月26日

（三）风俗

坦桑尼亚是个多民族的国家，每个民族都有自己的风俗习惯。

饮食上，坦桑尼亚人以玉米和牛、羊、鱼等肉类为主，蔬菜较少，喜食芒果、香蕉、木瓜等水果。因居民中信仰伊斯兰教的人口接近1/3，妇女衣着较保守。平时尽量避免使用左手，以保持清洁用以抓取食物。人民乐观豁达、热情好客，拜访客人通常以糖、茶等作为礼物。

坦桑尼亚的马赛族在迎接重要宾客时，都要踩高跷，以脚不沾地表示全身干净，表达了他们对客人的热情尊重。

坦桑尼亚人的婚恋别具一格、五花八门。马赛族至今仍保留"指腹为婚"的习俗。妇女一旦怀孕，许多生有男孩的母亲或亲属就会来提亲，以便为自己的孩子择妻。如果孕妇生下的是女孩,就将与提亲的男孩结为伴侣;如果生的是男孩,就结为好友。哈亚族盛行"摸脚定亲"。男方父母向女方父母提亲,当女方父母同意将女儿许配给男方时,男方父母要摸一下女方双亲的脚,表示这桩婚事已然说定。如果"摸脚定亲"后女方反悔,男方可上告祖灵,请求对女方施以"惩罚"。

(四)音乐

坦桑尼亚各民族都有自己的传统音乐。目前坦桑尼亚的音乐包括主要流行于乡村地区的民族音乐和在城镇地区影响较大的外来音乐。在传统乐器中,鼓居首位,常见的还有打击乐器木琴,弹拨乐器马林巴琴、单弦琴、六弦琴,以及管乐器低音号、高音号、横笛等。外来音乐中较突出的一种是塔布拉音乐,它是当地以打击乐器为主的班图音乐吸收阿拉伯音乐和印度音乐后形成的,曲调委婉悠扬。坦桑尼亚曾广泛流行爵士音乐和迪斯科音乐。另外,节奏明快、娓娓动听的斯瓦希里音乐在坦桑尼亚和东非沿海地区也广为流传,受到阿拉伯世界、印度和西方国家的广泛欢迎。

(五)舞蹈

坦桑尼亚人民能歌善舞,舞蹈是生活中不可缺少的一部分。坦桑尼亚有126个民族,各民族都有自己的传统舞蹈,有的表现人从诞生到死亡的过程;有的表现社会中的重大活动,如战争、丰收等;还有表现田间耕作、狩猎、求神祭祀等内容的。其中著名的有坦噶区的"乌卡拉"猎人舞,猎人手持弓箭，双腿蹲跳；妇女手持盛肉的簸箩，扭动两胯。还有流传在桑给巴尔的传统舞蹈"姆威赛"，是奔巴岛上最有代表性的舞蹈，现已成为许多专业舞蹈团体经常演出的节目之一。舞蹈时男舞者小腿裹有数十枚棕榈叶编成的菱形空壳，内装一种叫姆赛威的坚硬植物种子，动作以脚下打点和胯部扭动为主，舞蹈节奏由缓慢逐渐变为欢快，舞姿舒展含蓄。另外，坦桑尼亚北部以农业为主的姆万扎地区和辛延加地区流行的"布戈博戈布"也是一种传统的富有特色的乡村舞蹈，通常在耕种或开垦土地之前表演，以示庆贺、祈求丰收。演员手握锄头或做刨地动作，脚下以打点为主，胸部和胯部不停地前后摆动，饶有乡村风情。

（六）雕塑和绘画

坦桑尼亚的乌木雕和廷加廷加画享誉世界。

乌木，即黑檀木，是世界上稀有的珍贵树种。乌木雕是马孔德人的传统艺术。早期乌木雕主要用作日用品、饰品、家族和部落的图腾，20世纪50年代起，马孔德人陆续到达累斯萨拉姆办起乌木雕作坊，作品受到外国旅游者和艺术家的青睐。随着国内外需求的增加，乌木雕艺术进一步发展，艺术风格也有所创新。现代乌木雕主要包括鬼怪类、"乌贾马"类和马温古类。鬼怪类以鬼怪形式表现马孔德人的故事和传说；"乌贾马"类主要表现坦桑尼亚传统的同祖同宗、相互帮助、相互关心的社会关系；马温古类通过抽象的作品寓意马孔德人或坦桑尼亚人的传统理念。

廷加廷加画是坦桑尼亚民间画家一派的作品，是坦桑尼亚特有的一种画在布上和纤维板上的漆画，以其创始人爱德华·赛义德·廷加廷加的名字命名。廷加廷加画具有强烈的民间气息和特色风格，大致可分为三类：第一类是用单色线条构成的花鸟图案，线条婉转流畅，疏密相间，既有统一格调，又变化多样，花鸟有动有静，栩栩如生；第二类是用色块构成的绘画，其特点是概括性、装饰性强，色彩鲜艳浓重，引人入胜；第三类是以线条和色块相结合的方式，表现内涵深远的神话传说、历史事件和现实生活。20世纪80年代以来，廷加廷加画越来越受到外国旅游者的喜爱和国外艺术家的重视。

五、坦桑尼亚的历史沿革

（一）古代简史

1. 人类发祥地之一

1976年，考古学家在坦桑尼亚的莱托利发现一组印在火山灰沉积上的原始人脚印化石，距今340万—380万年，是两足动物进化的重要进展。莱托利人被认为是人类最早的成员之一，因此坦桑尼亚是人类发祥地之一。

坦桑尼亚境内最古老的土著民族是伊科桑人。公元前10世纪至公元前几百年，库希特人和班图人先后南迁进入坦桑尼亚境内，班图人成为坦桑尼亚境内最大种族。其后，尼罗特人中的马赛人迁入坦桑尼亚中部。19世纪初，祖鲁人（也是班图人）北上进入坦桑尼亚，共同构成了坦桑尼亚126个民族的祖先。

随着民族大迁徙、大交融，古代的坦桑尼亚地区先后出现了酋长国和中央集权制王国。当时各部落主要处于自给自足的自然经济状态，在16世纪初外来势力进入坦桑尼亚前，坦桑尼亚未形成统一的民族国家。

2. 沿海桑给帝国与斯瓦希里文化

东非沿海地区（包括桑给巴尔等沿海岛屿）公元前就与阿拉伯、波斯、印度等地有贸易往来，并成为西印度洋贸易区的重要组成部分。5世纪，班图人从内地扩展到东部沿海地区，成为桑给巴尔和奔巴岛早期主要居民。7—8世纪，大量阿拉伯人和波斯人移居东非沿海地区定居。

975年，波斯设拉子王子哈桑·伊本·阿里带6个儿子来到东非沿海地区。经过几代人的努力，阿里家族建立了以基尔瓦为首都的桑给帝国。此后，越来越多的阿拉伯人、波斯人、印度人和坦桑尼亚内地的班图人到东非沿海地区定居。

随着越来越多阿拉伯商人和其他移民与当地人杂居及通婚，12世纪在东非沿海地区产生了当地班图人与阿拉伯人的混血民族——斯瓦希里族，形成以班图语为主，混合阿拉伯语的斯瓦希里语。斯瓦希里人吸收阿拉伯文化、波斯文化、印度文化以及东亚和东南亚文化，在班图文化的基础上产生了一种具有鲜明商业城邦文明特征的斯瓦希里文化。随着印度洋贸易的繁荣和阿拉伯人在东非沿海地区贸易（包括奴隶贸易）的拓展，斯瓦希里文化开始传往内陆。12—14世纪是桑给帝国的鼎盛时期，16世纪初被葡萄牙人征服。

（二）近代简史

1. 葡萄牙殖民统治（1503—1652年）

1502年葡萄牙派舰队控制了基尔瓦港，1年后占领包括桑给巴尔岛和奔巴岛在内的东非沿海主要港口，开始了对桑给巴尔长达150年的殖民统治。

葡萄牙殖民当局向桑给巴尔等沿海地区派遣总督，保留酋长制度并向当地居民征收捐税。为最大限度获取商业利益，葡萄牙人在桑给巴尔等港口扩建码头、船坞，兴建食品加工厂和机械修理厂，从东非掠夺象牙、黄金、玳瑁，使桑给巴尔成为东非沿海货物集散地和过往船只的重要后勤补给基地。1652年，新兴的阿曼苏丹国苏丹赛义德率战舰攻占桑给巴尔，将葡萄牙人彻底赶出东非沿海。

2. 阿曼苏丹统治时期（1652—1871年）

阿曼苏丹统治始于1652年。阿曼人战胜葡萄牙人后，建立了由北起摩加迪沙、南至莫桑比克北部沿海低地和岛屿组成的海外领地。桑给巴尔成为阿曼苏丹国的海外堡垒和战略要地。1840年，苏丹赛义德将阿曼首都由阿曼本土迁至桑给巴尔。

赛义德积极在桑给巴尔推广丁香种植并取得成功，该地区出产的丁香在相当长时间占世界总产量的90%，桑给巴尔因此被誉为"丁香之岛"。赛义德从东非大陆掠夺象牙、兽皮和树脂，用来换取欧亚各国的工艺品、轻纺产品和武器，桑给巴尔成为各国货物的集散地。18世纪后，为满足英国、美国、法国等国对非洲黑人奴隶的需求，阿曼苏丹将奴隶贸易作为谋取经济利益的主要手段之一，桑给巴尔岛和奔巴岛成为奴隶买卖的集散地。赛义德还积极发展与欧美各国的外交和商业关系，美国、英国、法国先后于1833年、1841年和1844年在桑给巴尔开设领事馆。

（三）现代简史

1. 坦噶尼喀

（1）德国殖民统治时期（1886—1918年）

1869年苏伊士运河开通，德国、英国等西方国家相继入侵东非。1886年德国将坦噶尼喀纳入德属东非领地。

政治上，德国殖民当局依靠军事力量实行"铁鞭式"直接殖民统治，首府设在达累斯萨拉姆。将整个德属东非地区划为3个驻节官管辖区、19个行政区和2个军事区。每区辖若干乡，每乡辖若干村。德国政府仅向东非殖民当局委派70多名德籍官员，总督府、行政区及乡、村基层政府工作由聘用的阿拉伯人或斯瓦希里人承担。

经济上，殖民当局颁布"土地租让法令"，大量霸占当地居民土地并划拨给德国新移民开办经济作物种植园，强行推广种植棉花、咖啡、剑麻和烟叶等经济作物，并征收关税、贸易税和名目繁多的苛捐杂税。

为适应大规模经济作物生产和掠夺资源的需要，殖民当局投巨资，强迫当地人服劳役，修建了从达累斯萨拉姆至基戈马、坦噶至莫希两条铁路，并修建了达累斯萨拉姆和坦噶两个港口。

坦噶尼喀人民为反抗德国殖民统治开展了连续不断的英勇斗争，规模较大的有阿布希里起义（1888—1890年）、赫赫人起义（1890—1898年）和马及马及起义（1905—1907年）。

（2）英国殖民统治时期（1919—1961年）

第一次世界大战中德国战败，英国占领德属东非全境。1920年，英国政府将德属东非（卢旺达和布隆迪除外）正式定名为坦噶尼喀并派总督进行殖民统治。

政治上，英国殖民当局成立了"皇家非洲步兵队"和警察部队，实行间接统治，将坦噶尼喀分为11个省，省下辖若干县，省长、县长由英国人担任。基层政权恢复当地酋长和部族制度，承担维护秩序和社会管理职能。殖民当局还大力推行殖民教育，鼓励教会开办学校，培养亲英势力。

经济上，英国殖民当局颁布"土地自由占领法"，肆意霸占农民土地，无偿从部落酋长手中征用土地"租借"给欧洲人开办经济作物种植园。坦噶尼喀向英国供应棉花、咖啡和茶叶等原材料，从英国进口工业品和粮食，逐步形成严重依赖宗主国的单一经济结构。为加紧对当地资源的掠夺，殖民当局还修建了从塔波拉至姆万扎、莫希至阿鲁沙两段铁路,初步形成铁路运输网络。

英国殖民当局极力推行种族主义政策,征派大量印度人管理基层,将当地居民分为欧洲人、亚洲人和非洲人,实行分化统治。英国人垄断坦噶尼喀主要经济命脉,印度人和巴基斯坦人控制商业、加工业。非洲人大多处于社会最底层,政治上受压迫,经济上受剥削,社会上受歧视。

(3)坦噶尼喀独立(1961年)

从20世纪20年代开始,当地非洲人出现了一些带有政治色彩的部落联盟和协会。1929年,英国殖民政府的部分非洲人官员和雇员在达累斯萨拉姆成立了坦噶尼喀非洲人协会,并逐步发展成一个跨部族、跨宗教、跨行业及争取民族独立的政治组织。

1954年,坦噶尼喀非洲人协会在达累斯萨拉姆召开年会,决定将协会改组为坦噶尼喀非洲民族联盟(简称坦盟),选举尼雷尔为主席。会议通过坦盟章程规定:坦盟要为坦噶尼喀的自治和独立进行不懈斗争,建立统一的民族主义国家。截至1957年底,坦盟党员由1955年的10万人发展到50万人。

在坦盟的努力下,联合国托管理事会正式同意坦噶尼喀举行第一次立法会议选举。1958年1月,坦盟召开全国特别大会,决定全力以赴推举本党代表参加选举,为实现通过议会道路夺取政权创造条件。坦盟在立法会议选举中大获全胜,所推荐的候选人悉数当选,挫败了殖民当局通过"宪法改革"限制非洲人参选的阴谋。

1960年初,坦盟在联合国帮助下同英国开始谈判,最终确定了由"责任政府"到"内部自治",从"内部自治"到完全独立的进程。1960年9月,坦盟在立法会议选举中获得多数席位,尼雷尔被任命为坦噶尼喀"责任政府"首席部长,受命组阁。1961年5月,坦噶尼喀实行内部自治,尼雷尔当选为坦噶尼喀"自治政府"首任总理。1961年12月9日,坦噶尼喀宣布独立,尼雷尔继续出任政府总理。1962年12月9日,坦噶尼喀宣布废除英国总督,成立坦噶尼喀共和国,尼雷尔就任首任总统。

2. 桑给巴尔

(1) 英国殖民统治时期(1871—1963年)

1856年赛义德苏丹死后,阿曼王室成员围绕王位继承展开激烈争夺。1871年,英国插手阿曼王室王位之争,将阿曼帝国海外领土从阿曼帝国分离,组成独立的桑给巴尔苏丹国。

1890年桑给巴尔沦为英国保护国,外交权归英国政府代管,苏丹拥有王位并可提名继承人,但继承人需英国政府批准。英国殖民者进入桑给巴尔后,很快改变不插手桑给巴尔内部事务的承诺,掌控了桑给巴尔王国的内阁和财政大权。

英国人在统治桑给巴尔期间,始终重视和依赖桑给巴尔阿拉伯人统治集团,维护阿拉伯人统治集团利益,将阿拉伯人当成对桑给巴尔进行殖民统治的得力助手。

(2) 桑给巴尔独立(1963年)

20世纪50年代以后,随着非洲民族独立运动蓬勃发展,桑给巴尔人民要求独立的呼声日益高涨，出现了非洲－设拉子党、桑给巴尔民族主义党、桑给巴尔和奔巴人民党以及乌玛党等政党团体，非洲－设拉子党开始领导桑给巴尔人民开展反抗殖民统治和争取民族独立的斗争。1963年宣告独立。1964年1月12日，非洲－设拉子党联合乌玛党，在大陆坦盟的支持下发动武装起义，推翻傀儡政权并赶走苏丹，建立了桑给巴尔人民共和国，非洲－设拉子党领导人卡鲁姆出任首任总统。

3. 坦桑尼亚联合共和国成立（1964年）

为防止英美等西方大国的渗透、侵略和颠覆，维护国家独立，保证经济建设顺利进行，1964年4月26日，坦噶尼喀与桑给巴尔领导人经过紧急磋商签署联合协议，成立坦噶尼喀和桑给巴尔联合共和国，10月29日改名为坦桑尼亚联合共和国，尼雷尔出任首任总统。在1965年12月举行的坦桑尼亚大选中，尼雷尔再次当选联合共和国总统，桑给巴尔总统卡鲁姆担任第一副总统。

（四）当代简史

1. 尼雷尔时期（1961—1985年）

从1961年坦噶尼喀独立到1985年主动让贤，尼雷尔在国家最高职位上工作了24年。此时期主要有以下特点：

（1）大力支持南部非洲民族独立和解放

尽管当时坦桑尼亚国内百废待兴、综合国力有限，但坦桑尼亚政府和人民为东南部非洲民族解放力量提供了基地和大量人力、物力支持以及战略庇护。非洲统一组织解放委员会总部设在达累斯萨拉姆，尼雷尔长期担任该委员会主席。

尼雷尔经常利用双边和多边场合揭露和谴责英美等国阻碍南部非洲解放运动、支持南非种族隔离政权的行径，并为非洲民族解放运动和南非反种族隔离斗争寻求物资、资金和道义支持。坦桑尼亚曾为此与英国断交并与美国交恶，遭受相关国家军事经济制裁，失去大量外国援助。

（2）加强政权建设，维护国家长期和平稳定

尼雷尔重视党的建设，领导革命党（1977年由坦盟与桑给巴尔非洲－设拉子党合并成立）在全国范围内建立和完善了中央、省、县委员会和乡支部四级党组织，实行一党制，建立了青年团、妇联、合作社联盟、工会和双亲会等外围群众组织。尼雷尔坚持军队必须听从党的领导和指挥，在坦桑尼亚军队和强力部门设立党组织，负责思想政治工作；坚持党对政府的绝对领导。坦桑尼亚政府在全国推广斯瓦希里语，将斯瓦希里语定为国语，统一了语言文字，巩固了各族团结。

（3）推行"乌贾马运动"

1967年1月，坦盟在阿鲁沙召开全国执行委员会会议，会上尼雷尔发表讲话，并通过《阿鲁沙宣言》。坦桑尼亚政府根据《阿鲁沙宣言》实行国有化政策，将外国银行、保险公司、大型企业、外资企业和种植园收归国有，在农村建立"乌贾马村"，开展"村庄化"运动。同时，在党内实行"领导人守则"，禁止党和国家工作人员从事私人实业活动。

"乌贾马运动"导致坦桑尼亚经济长期停滞不前，20世纪80年代中期甚至出现负增长。1984年，革命党主导召开议会特别修宪会议，规定总统每届任期5年并不得超过两任。1985年，姆维尼当选总统，实现领导层的和平过渡。

2. 姆维尼时期（1985—1995年）

姆维尼1985年10月就任总统，1990年再次当选，1995年10月届满卸任。此时期主要有以下特点：

（1）修改《阿鲁沙宣言》，实施结构调整计划

姆维尼对《阿鲁沙宣言》的政策进行根本性调整，开始推行以市场经济为基础、以私营部门发展为动力的经济模式。

1986年，姆维尼政府与国际货币基金组织达成共识，接受其提出的贷款条件和"结构调整计划"。国际货币基金组织和世界银行向坦桑尼亚提供大量财政援助，其他国际组织和援助国也向坦桑尼亚提供贷款和赠款。坦桑尼亚不仅获得了发展所需资金，而且为重新安排债务铺平了道路。

执政初期，姆维尼政府开始实行货币大幅度贬值政策，鼓励商人自筹外汇进口商品，同时开始对国营企业实行"关、停、并、转"和私营化政策。1991年2月，革命党在桑给巴尔召开全国执行委员会特别会议，通过《桑给巴尔宣言》，开始允许各级革命党官员兼职、受雇于公司、出租房屋，以正当收益弥补薪水不足。桑给巴尔会议后，坦桑尼亚政府出台了一系列加快投资、银行业、外汇、资本市场和国有企业改革的举措。

(2) 推行多党制

1991年2月，姆维尼政府成立总统委员会，向全国各阶层征求对实行多党制的意见。

1992年2月，革命党全国代表大会通过决议，决定在坦桑尼亚实行多党制。5月，坦桑尼亚议会和桑给巴尔代表院分别通过实行多党制的宪法修正案，并宣布从7月1日开始允许新政党注册。1995年10月，坦桑尼亚举行独立以来首次多党大选，姆卡帕当选为总统。

3. 姆卡帕时期（1995—2005年）

姆卡帕1995年就任总统，2000年成功连任，2005年届满卸任。此时期主要有以下特点：

(1) 深化改革，积极建立市场经济

姆卡帕执政后与西方签署"增强经济结构调整计划"。经过10年努力，国有企业改革取得显著成效，坦桑尼亚投资环境有了明显改善，外来投资项目和金额迅速增加。

(2) 制定"2025年国家发展愿景规划"，实施"减贫和发展计划"

1997年，姆卡帕政府制定了"2025年国家发展愿景规划"，提出通过5个五年发展规划，实现2025年坦桑尼亚成为中等收入国家（人均3000美元）的发展目标。

2000年，姆卡帕政府制定了"2025年国家发展愿景规划"的中期实施方案，即"2000—2010减贫战略计划"。国际货币基金组织和世界银行对此极为赞赏，建议将减贫计划内容充实到"增强经济结构调整计划"中。

姆卡帕政府积极争取外援和债务减免,恢复了同发展伙伴的友好关系。2001年,国际货币基金组织和世界银行决定在此后20年免除坦桑尼亚30亿美元债务。坦桑尼亚政府提出的"预算援助"方式也得到发展伙伴的支持。坦桑尼亚经济开始走上持续稳定发展的道路。

(3) 加强廉政建设,树立政府清廉形象

姆卡帕政府大力倡导反腐,通过议会立法规定政府领导人均需公开申报私人财产,设立领导人准则书记处、反贪委员会等廉政机构,公开查处了涉嫌腐败的五名现任部长和前任部长,解职和辞退了大批涉嫌腐败的官员,撤换了大批涉嫌腐败的国有企业领导人。坦桑尼亚政府还组织和动员全社会参与反腐,组建了由各方代表参加的全国良政建设协调机构。

4. 基奎特时期(2005—2015年)

基奎特2005年12月就任总统,2010年成功连任,2015年届满卸任。此时期主要有以下特点:

(1) 采取新举措,推动国内各项建设事业的发展

基奎特提出了"新热情、新动力、新步伐"的口号,实现了竞选承诺,改善了教育、医疗和基础设施的发展状况。在政治方面,他把国家的统一、和平、安定放在首位,力求从整体角度处理大陆和桑给巴尔的联合问题;在经济方面,他沿袭经济私有化和自由市场经济的政策,不断加强对基础设施建设的支持,并通过设立经济特区和出口加工区等方式吸引外资。他

也非常重视私营部门在经济发展中的作用，专门成立了"基奎特基金"，以扶持中小企业和个体经营者。此外，基奎特还采取多种措施促进教育和医疗卫生事业的发展，帮助弱势群体改善生活条件。

在基奎特任期前3年，坦桑尼亚的平均经济增长率超过7%，2008年经济增长高达7.4%。尽管全球金融危机对坦桑尼亚经济增长产生一定负面影响，但基奎特2009年6月推出了总额约13亿美元的刺激经济措施，保证了2009年的经济增长率达到了6%，好于金融危机开始后政府对经济增长的初步预测。坦桑尼亚75%以上的人口以农业为生，基奎特政府制定了大力发展农业的战略。2006年，政府出台了为期7年、总额达21亿美元的农业发展规划。2009年，基奎特又推出了"农业至上"政策，旨在加大民营企业在发展农业方面的参与力度，以实现农业现代化。

(2) 团结各党，积极改善民生环境

基奎特上台后，在继承姆卡帕时期内外政策的基础上，提出以"新热情、新活力、新速度"全面推进各项事业，加强党建和党内团结，力主同反对党对话，推动联合政府同桑给巴尔政府定期磋商，加大力度惩治腐败，努力塑造亲民、务实的政府形象。

基奎特总统执政后重视改善民生，强调经济发展成果必须惠及普通百姓。2011年，制定《国家发展规划五年计划(2011—2015年)》，确定了农业、基础设施、工业、旅游、人力资源、信息通信六大优先发展领域。坦桑尼亚改革成效日益显现，经济增长连续多年超过6.5%，在撒哈拉沙漠以南非洲名列前茅，矿业和旅游业发展势头强劲，投资环境不断改善，外国直接投资持续增长。但经济结构单一、基础设施落后、发展资金和人力资源匮乏等长期阻碍经济发展的问题仍然存在。

（3）重视外交，构建多国友好关系

基奎特在姆卡帕执政的10年时间内一直担任外交部部长一职，是坦桑尼亚历史上任职时间最长的外交部部长。在总统任职期间完成了"务实经济外交"转型，在推动大湖地区和平进程以及东非共同体建设方面成绩斐然，被前总统姆卡帕称为"超级外交家"。基奎特十分重视外交工作，遍访邻国，努力维护大湖地区和平，发展与周边国家的睦邻友好关系。2008年，作为非洲联盟轮值主席的基奎特是促进解决邻国肯尼亚的政治争端、实现和解的主要人物之一；在推进东非共同体建设方面，基奎特作为东非共同体首脑会议轮值主席，大力推进地区一体化进程。基奎特大力强化务实经济外交，就任总统后多次率政府和企业家代表团访问欧美发达国家，以争取外援和招商引资。2007年9月，基奎特出席联合国大会会议并访美，在美停留20多天，广泛接触美国政界和经济界人士，宣传坦桑尼亚。2012年5月，基奎特出席八国集团峰会关于全球农业和粮食安全的国际研讨会并访美，受到奥巴马总统的热情接待。2012年12月，鉴于坦桑尼亚经济的出色表现，美国"千年挑战账户"确认向坦桑尼亚提供第二期资金援助。2013年7月，美国总统奥巴马访坦，将坦桑尼亚列为首批实施"电力非洲"

计划的 6 个重点国家之一。2014 年 8 月，基奎特总统赴美出席首届美国－非洲领导人峰会。

5. 马古富力时期（2015—2021 年）

马古富力 2015 年就任总统，2020 年成功连任，2021 年因病去世。此时期主要有以下特点：

（1）铁腕反腐，打造廉洁政府

马古富力长期担任工程部部长，负责国内重大基础设施建设工程的组织实施，这是许多人眼中的"肥缺"。但他一直坚持从严要求，不仅自己以廉洁自律著称，工程部也鲜有腐败丑闻曝光。竞选期间，他旗帜鲜明地打出反腐口号，坦言自己"没有向任何商人索取钱财，也没有接受他们一分钱赞助，希望同诚实的人合作"。就任总统后，他立即要求所有公职人员签署"诚信保证书"，在次年 2 月前递交到总统府办公室，以警告官员务必洁身自好。

马古富力还指示国家审计署对国税局等腐败高发部门官员进行个人财产审计，让腐败分子无处藏身。同时禁止议员兼任国有企业董事，防止利益输送。政府还决定面向公众征集意见，修改《公共采购法》，以堵住腐败和挪用公款漏洞。

（2）重拳治懒，打造高效政府

马古富力在担任部长时勤恳敬业，所带领的部门务实高效，任内实现了坦桑尼亚公路、桥梁等基础设施建设的大发展。马古富力因其解决问题的能力和效率被民众亲切地称为"推土机"部长。

在被革命党提名为总统候选人后,他将"工作第一"作为竞选口号。马古富力认为,坦桑尼亚虽然有着丰富的资源,但人民只有依靠勤奋工作才可能过上美好生活。他要求国家公职人员成为勤奋工作的表率,再三强调要打造一个高效政府,绝不容忍任何公务员工作懒散,警告不作为的官员"立即走人"。

他召开国有企业负责人大会,斥责坦桑尼亚国家电力公司、港务局、电信公司、铁路公司等大型国企不思进取、一味依赖政府补贴的做法是可耻的。坦桑尼亚国家电力公司随即开除了7名高管,其中有经理、会计和工程师。坦桑尼亚国家电力公司总经理公开承诺将加强公司员工的纪律意识和道德操守建设,欢迎群众监督举报。马古富力的这把火对广大公共部门工作人员产生强烈触动,效果立竿见影,之前迟到早退、办事漫不经心的风气得到有效改善。

(3)全面问责,打造责任政府

马古富力对依仗权势侵犯公共利益的行为深恶痛绝,在与坦桑尼亚工商界首次见面会上就释放出一切经营者必须遵纪守法的明确信号。他警告广大企业主必须照章纳税,并向偷税漏税者发出7日内补缴税款的最后通牒,否则严惩不贷。他还警告商界大佬不要强占海滩等公共空间,应还之于民。对于一些权贵借私有化之机将矿山、工厂、良田等据为己有,然后放任不管拒不履行生产和建设承诺,导致国家资源白白浪费的情况,马古富力提出全面重审私有化合同,加强监管。

6. 哈桑时期（2021年以后）

2021年3月17日，坦桑尼亚第五任总统马古富力因心脏病抢救无效逝世。坦桑尼亚宪法规定，现任总统遭遇不测后，由副总统直接继任直至下一届总统选举。哈桑于2021年3月19日接任总统。

第二章 坦桑尼亚政治与法律

坦桑尼亚在非洲具有重要影响力。稳定的政治社会、丰富的自然资源、杰出的领导人等都极大地巩固了坦桑尼亚在非洲的大国地位。1964年4月26日,坦桑尼亚联合共和国成立,逐渐建立起具有鲜明特色的国家政治体制,并在姆卡帕等政治领导力很强的国家领袖的带领下打造出民主稳定的政局。本章重点分析和解读坦桑尼亚的国内政治制度、政党情况、外交关系与法律演变过程,有利于读者深入了解坦桑尼亚的国家政治生态与相关法律概况。

一、坦桑尼亚政治制度与政治生态

(一) 国体与政体

1. 国体

坦桑尼亚是一个联合共和国,1964年4月26日由坦噶尼喀共和国和桑给巴尔人民共和国联合组成。坦噶尼喀在1961

年获得内部自治并于同年12月9日独立，坦噶尼喀共和国成立。桑给巴尔在1963年取得自治，于同年12月10日宣告独立，建立起君主立宪国家。1964年，桑给巴尔人民发动武装起义，推翻了封建统治，建立桑给巴尔人民共和国。

1964年初，坦噶尼喀与桑给巴尔的政治高层互动频繁，同年4月22日，坦噶尼喀总统访问桑给巴尔，与桑给巴尔总统及其部长们就建立联邦国家的问题进行最后会谈，双方达成共识。4月23日和24日，两国总统分别在达累斯萨拉姆和桑给巴尔正式宣布了坦噶尼喀和桑给巴尔将合并成为"一个主权国家"的消息；4月25日，坦噶尼喀议会和桑给巴尔革命委员会分别批准了《坦噶尼喀共和国和桑给巴尔人民共和国联合条款》（简称"联合条款"）；4月26日，两国总统在达累斯萨拉姆交换"联合条款"批准书，坦噶尼喀和桑给巴尔联合共和国正式成立；10月29日，更名为坦桑尼亚联合共和国。

2. 政体

坦桑尼亚联合共和国是一个多党制的民族主义国家。坦桑尼亚建立前，坦噶尼喀和桑给巴尔实行一党制。在桑给巴尔，武装起义成功后，由两党联合组成的桑给巴尔革命委员会接管了政权；1964年2月，桑给巴尔革命委员会宣布取缔其他一切政党，在桑给巴尔实行一党制。坦噶尼喀独立后，在大选中坦盟政党获得了议会的绝对多数席位。

1990年2月，坦桑尼亚革命党在全国范围内进行公开讨论是否实行多党制问题。

1992年1月，革命党全国执行委员会在达累斯萨拉姆举行会议，此次大会上关于在坦桑尼亚实行多党制的建议获得总统委员会的一致同意，同时决定立即修改宪法。

1992年2月，革命党全国代表大会通过决议，正式决定在坦桑尼亚实行多党制。同年4月，坦桑尼亚国民议会和桑给巴尔代表院分别通过了关于在坦桑尼亚实行多党制的宪法修正案，决定从此在坦桑尼亚正式实行多党制。同时宣布从7月1日起进行新政党的注册工作。

（二）国家元首与政府领导

1. 坦桑尼亚

坦桑尼亚总统是国家元首、政府首脑和武装部队总司令。副总统是总统的左右手，负责协助总统处理国家的一切事务。内阁政府由总统、副总统、桑给巴尔总统、总理、各部部长检察长组成。

坦桑尼亚实行总统内阁制。总统是坦桑尼亚政府的最高领导人。总统有任命权和罢免权，可以任命总理、部长等政府要员及最高法律部门法官；有权召集和解散国民议会，并任命其成员；总统有权宣布国家处于战争或紧急状态。

总统及副总统通过民主选举产生。法律规定如果总统来自大陆，副总统必须来自桑给巴尔（该条款于1994年修宪时删除）。总统候选人提名条件为必须来自一个完全注册的政党，必须是年满40岁以上的坦桑尼亚公民，必须得到全国10个省的 2000 名以上选民提名，同时这 10 个省中必须包括桑给巴尔的两个省。总统候选人获得的有效选票必须超出 1/2 才能当选为总统。总统任期为 5 年一届。总统任期不能超过两届。

副总统是总统的左右手，负责协助总统处理国家的一切事务。其中包括处理日常的国家事务，完成总统交给的任务和当总统不在国内时暂代总统行使管理职能。

总理由总统任命，但规定总理人选必须是选举产生的议员，不能是被任命的议会议员。总理主管内阁事务，负责管理、监督和处理联合政府的日常事务，也是政府在议会中的领导人。

2. 桑给巴尔

桑给巴尔实行总统内阁制，总统通过直接选举产生，任期 5 年，选举与坦桑尼亚总统选举在同一时间举行。桑给巴尔总统是桑给巴尔政府的最高领导人，拥有总统赦免权。总统兼任桑给巴尔革命委员会主席、桑给巴尔特种部队和社会治安小分队司令。总统有任免权，可以任免桑给巴尔革命委员会成员、各部部长、法院负责人等政府要员。

（三）国家行政机构

1. 坦桑尼亚政府

坦桑尼亚政府也称坦桑尼亚联合政府，负责坦桑尼亚大陆和桑给巴尔的所有事务。

坦桑尼亚政府实行总统内阁制。内阁由总统、副总统、总理、桑给巴尔总统和各部部长以及检察长组成。按规定内阁成员必须是当选的议会议员。内阁会议一般由总统主持，总统不能出席时由副总统主持，总统和副总统都不能出席时则由总理主持。部长们各司其职，负责管理本部的事务，部分部门设有副部长进行协助管理。政府各部门主要业务负责人主持本部日常工作，负责定期召开部门重要会议，研究相关问题，准备相关议案、法令、部长讲话稿和应对议会质询时的答词等。

总统府国务部负责公共服务管理、良政事务、社会关系和协调事务；副总统府国务部负责联合事务和环境事务；总理府国务部负责省级行政和地方行政事务及议会相关事务。同时，政府针对不同领域设置相关国家部门进行管理调控。

2. 桑给巴尔政府

宪法规定，桑给巴尔总统为桑给巴尔政府最高领导人，负责桑给巴尔内部事务。桑给巴尔革命委员会是桑给巴尔的最高行政机构，由总统、首席部长、所有部长和相关总统任命的其他成员组成。桑给巴尔总统兼任革命委员会主席。规定所有革命委员会成员都必须是代表院代表。革命委员会只对代表院和人民负责。桑给巴尔革命委员会秘书兼任桑给巴尔公共事业服务委员会主任。

3. 地方政府

坦桑尼亚全国共有 31 个省：大陆 26 个；桑给巴尔 5 个。

其中桑给巴尔岛有3个，奔巴岛有2个。大陆和桑给巴尔对省、县或区以及村等行政机构的称呼不尽相同。

在大陆地区，联合政府以下分省、县或区、乡、村几个层次。村为最基层，各村设有村民会议，凡是年满18岁的村民均有村民代表的选举权和被选举权，由村民会议选举产生的村委会为村级行政机构。乡由若干村组成，每个乡都设有乡发展委员会，其成员包括本乡各村委会主席以及相关政府机构的工作人员。乡发展委员会有权决定其下属各村委会的主席人选。乡长人选由地区委员会决定。省长和地区专员由总统任命。在城市地区，各个城市都划分为若干行政区，设有市政府、区政府（区发展委员会）；在一些较小的城市，则设有市政委员会。市长、区长和市政委员会主席由总统任命。

在桑给巴尔，5个省的省长由桑给巴尔总统任命，必须是桑给巴尔代表院代表。桑给巴尔设有四级地方行政机构，均称革命委员会，即村或住宅区、乡、县和省革命委员会。各级革命委员会成员均由地方选举中产生的代表担任。县和省级革命委员会成员包括由当地选出的桑给巴尔代表院代表和少数由桑给巴尔总统任命的工商企业界代表。县长和省长由桑给巴尔总统任命。

（四）主要政党

坦桑尼亚实行多党制，目前坦桑尼亚全国共有24个政党获准注册，其主要政党有：

革命党，也是执政党，由坦盟和桑给巴尔非洲－设拉子党于 1977 年 2 月 5 日合并而成。主张坚持社会主义和自力更生原则，强调发展经济，目标是在公正、平等和人道的基础上在坦桑尼亚建立一个平等、正义的社会。1992 年 7 月 1 日注册。现有党员 1200 多万。

全国代表大会是最革命党的高权力机构，每 5 年举行一次；全国执行委员会是最高决策机构，负责领导和处理日常党务工作；建有省、县、乡支部百户区、十户组等各级组织机构，在坦桑尼亚影响深远。

民主发展党是其国内最大反对党，于 1992 年成立，总部设在达累斯萨拉姆。该党主张单独成立坦噶尼喀政府；反对种族歧视，提倡人人平等；主张召开制宪会议，删除宪法中违反民主原则的条款。

公民联合阵线又称人民党，是反对党，1992 年 6 月 5 日由桑给巴尔多党促进委员会和人民党合并组成，其政治影响主要集中在桑给巴尔和奔巴岛。该党提倡人民共同富裕；在联合问题上极力维护桑给巴尔的民族利益和自主权，主张成立联合政府、坦噶尼喀和桑给巴尔地方政府三个政府。

坦桑尼亚劳动党是反对党，1993 年 11 月 24 日注册。总部设在达累斯萨拉姆。

联合民主党是反对党，1994 年 3 月 24 日注册。总部设在达累斯萨拉姆。联合民主党重视社会发展，提出要加大对教育和医疗事业的资金投入；主张实行土地私有化政策，反对政府对农民收取各种捐税；认为应当成立坦噶尼喀政府。

全国建设和改革会议为反对党，1991 年 6 月成立，1993

年3月21日注册。总部设在达累斯萨拉姆。该党主要由律师和学者组成，主张在联合体制内建立联合政府、坦噶尼喀政府和桑给巴尔政府，争取坦噶尼喀民族权利，要求扩大民主，保护基本人权和自由。

（五）政治外交关系

1. 外交政策

坦桑尼亚作为曾经的前线国家，对非洲大陆的政治解放作出重大贡献。坦桑尼亚奉行不结盟和睦邻友好的外交政策。主张在互不干涉内政和相互尊重领土主权的基础上与各国发展友好合作关系。目前强调以经济利益为核心，发展同所有捐助国、国际组织和跨国公司的关系，谋求更多外援、外资；重点营造睦邻友好的环境，全力促进区域经济合作，积极参与调解与其利益相关的地区问题；重视与亚洲国家关系，学习和借鉴亚洲国家的发展经验。坦桑尼亚是联合国、不结盟运动、非洲联盟、东非共同体、英联邦和环印度洋地区合作联盟等组织的成员国。

2. 与其他国家（地区）的外交关系

（1）与周边国家的外交关系

在周边地区事务中，坦桑尼亚奉行"广交友，不树敌，促和平，谋发展"政策，重视与周边国家发展睦邻友好的合作关系。重视在地区事务中发挥影响力，致力于维护地区稳定与和平。坦桑尼亚积极调解肯尼亚2007年大选中爆发的政治危机；积极斡旋科摩罗国内的政治危机；关注索马里的和平发展进程，为非洲联盟驻索马里的维和部队提供培训。

（2）与亚洲国家的关系

坦桑尼亚非常重视与亚洲国家的关系。2004年，坦桑尼亚总统访问越南。同年，印度总统对坦桑尼亚进行正式国事访问。2006年，坦桑尼亚总理访问泰国、越南。2011年，印度总统访问坦桑尼亚，并宣布给予坦桑尼亚近2亿美元经济援助。日本每年向坦桑尼亚提供约1亿美元的无偿援助，并派出专家与志愿者。坦桑尼亚与朝鲜也保持良好关系，坦桑尼亚总统多次访问朝鲜，并获得了数个大型项目的援助。2023年7月5日，印度外交部部长苏杰生访问坦桑尼亚，并向印度-坦桑尼亚信息技术卓越中心赠送一台超级计算机。

（3）与中国的关系

1961年，中国与坦噶尼喀建交；1963年，中国与桑给巴尔建交；1964年，坦桑尼亚联合共和国成立，中国自然延续了与坦桑尼亚的外交关系。建交后，中坦保持友好往来，两国人民互动频繁。

中坦两国的政治高层近年来往来密切。2013年，习近平主席访问非洲，首站便是对坦桑尼亚进行国事访问，同坦桑尼亚总统进行会谈，就两国友好合作的相关事项进行积极交流。习近平主席在尼雷尔国际会议中心发表《永远做可靠朋友和真诚伙伴》的重要演讲。

2013年，坦桑尼亚总理访华，签署了12项双边协议，涉及能源、出口加工业、房地产与高科技等领域。同年，桑给巴尔总统访华并与中国签署了包括海洋、卫生、信息技术、通信领域四个方面友好协议。中国公安部副部长也于同年访问坦桑尼亚，并表示愿与坦桑尼亚在巩固两国安全，打击象牙和毒品交易等跨国有组织犯罪方面进一步加强合作。2014年坦桑尼亚总统应习近平主席之邀对中国进行国事访问。双方一致同意推动中坦关系向互利共赢的全面合作伙伴关系发展。2016年，中国商务部副部长率中国政府经贸代表团访问坦桑尼亚。同年，中共中央宣传部副部长访问坦桑尼亚，并出席"中国企业在非洲"中非媒体联合采访活动启动仪式。2021年5月13日，中国和坦桑尼亚在达累斯萨拉姆签署中坦经济技术合作协定。根据协定，中方将向坦桑尼亚大陆提供新的无偿援助资金，用于双方商定的援助项目建设。2022年11月3日，习近平主席同坦桑尼亚联合共和国总统哈桑举行会谈，两国元首就中坦、中非关系和共同关心的国际和地区问题深入交换意见，达成一系列重要共识。为进一步推动两国关系发展，促进各领域合作，两国元首宣布，将双方关系提升为全面战略合作伙伴关系。

(4) 与美国的外交关系

美坦在1961年建交。近年来，两国关系持续改善。美国十分重视坦桑尼亚的大国作用与发展潜力，支持其进行经济改革，是坦桑尼亚的主要投资和援助国之一。2008年，美国总统访问坦桑尼亚并宣布将在5年内向坦桑尼亚提供近7亿美元的经济援助，用于坦桑尼亚的基础设施建设。2011年，美国国务卿访问坦桑尼亚，并承诺向坦桑尼亚提供1亿美元的经济援助，用于农业发展和粮食安全等方面。2014年，坦桑尼亚总统前往美国参加首届美国与非洲领导人峰会。2022年4月，哈桑总统访问美国，美国副总统哈里斯表示，美国将继续在增进民主、投资合作和卫生健康等领域给予坦桑尼亚大力支持。2023年3月30日，美国副总统哈里斯访问坦桑尼亚时宣布将推动两国在商业、数字连接、投资于妇女和青年、促进民主价值观、粮食安全、海洋保护和健康方面的合作，美国还将在2024财年为坦桑尼亚提供5.6亿美元的双边援助。

二、坦桑尼亚法律制度与法律状况

（一）宪法及其地位

1. 坦桑尼亚宪法

坦桑尼亚曾先后制定过3部宪法，分别是1964年临时宪法、1965年临时宪法和1977年宪法。现行宪法由坦桑尼亚国民议会于1977年4月正式制定，后经14次修改。

1984年修宪，规定设置两名副总统，一名由联合政府总理兼任，另一名由桑给巴尔总统担任。联合政府总统任期限为每任5年，不得超过两任。

1992年修宪，废除了原宪法中有关一党制、革命党在国家体制中享有垄断和最高领导地位等条款，增加了"坦桑尼亚是多党民主国家"等条款。为适应多党制新形势，宪法扩大了国民议会权力，并相应削弱了总统权力。

1994年第11次宪法修正案规定，联合共和国政府设总统和1名副总统，总统为国家元首、政府首脑和武装部队总司令，由选民直选产生，获简单多数者当选，任期5年，可连任一届。总统任命总理，由总理主持联合政府日常事务。

2000年第13次宪法修正案重新界定了坦政治体制，确认原宪法中的"社会主义"和"自力更生"等原则代表民主、自立、人权、自由、平等、友爱、团结。2010年大选后，坦桑尼亚国内修宪呼声不断。

2011年11月，《宪法修订法案》获议会通过。2012年4月，修宪委员会成立。6月和12月，新宪法一稿和二稿先后出台，提出设立坦噶尼喀、桑给巴尔和联合政府三个政府，缩减联合事务，限制总统权力等重大修改。2014年10月，制宪会议通过新宪法草案，决定维持两政府架构。新宪法草案原定于2015年4月进行公投，但因技术原因被无限期推迟。

2. 桑给巴尔宪法

桑给巴尔现行宪法于1979年制定，后历经修订。根据2010年修订的桑给巴尔宪法，桑给巴尔总统为桑给巴尔团结政府首脑，取消首席部长设置，新设第一和第二副总统。桑给巴尔选举与联合共和国总统大选同时举行，桑给巴尔总统候选人由桑给巴尔各政党提名，经桑给巴尔全体选民直选，获1/2以上选票者当选，任期5年，可连任一届。桑给巴尔团结政府有权处理除外交、国防、警务、税收、银行、货币、外汇、航空、港口和邮电等 22 项联合事务以外的桑给巴尔内部事务。

(二) 立法与司法

1. 立法机构

坦桑尼亚设有两套立法机构：一个是坦桑尼亚国民议会，为坦桑尼亚联合共和国议会，不仅制定适用于整个联合共和国的法律，同时也制定适用于大陆的法律；另一个是桑给巴尔代表会议，为桑给巴尔立法机构，只制定除联合事务之外的适用于桑给巴尔的法律。坦桑尼亚国民议会和桑给巴尔代表院均实行一院制。

（1）坦桑尼亚国民议会

坦桑尼亚国民议会是独立于司法和行政的国家机构，是坦桑尼亚最高的立法机构。由联合共和国总统和议会组成，议会通过的任何法律必须在总统批准后才能生效。

1）议会选举和议员组成

在议会选举中，年满 18 岁的坦桑尼亚公民均享有选举权，但是只有年满 21 岁以上者才有被选举权。规定议会每 5 年选举一次。议会选举与总统选举同期举行。宪法规定了议会要具有广泛的代表性。坦桑尼亚实行多党制以来，关于议员的构成有以下规定：

第一，考虑到各地区民族和人口分布的变化，适当增加一些选区，以保证在民族及地区的议席分配上的相对平衡，有利于维护国家和平与稳定的局面。

第二，为增加妇女在议会中的代表性，增加"推荐女议员"席位。除在大选中选出的女议员外，再增加一些女议员席位，名额按各政党在大选中所获席位的比例予以分配，然后由有关政党从其党内推荐出相应数量的人选，交由全国选举委员会任命。

第三，除选举产生的议员外，为桑给巴尔再增加5个议会席位，人选由桑给巴尔代表院从其代表中推荐；

第四，检察长和议长为当选议员；

第五，根据工作需要，总统任命不超过10名议员。

2）国民议会职责

国民议会的职责主要是立法，也包括监督政府及行政机构的工作情况。包括，考察政府各项政策的执行情况和政府机构工作进展情况，积极推动政府加强对各职能部门的监管，保证政府可以有效地完成各项工作计划和任务；议员可以向部长就其部门的工作提出问题，也可以对其工作提出希望或要求、意见或建议；同时需要关注国家领导人的言行，以保证其将政府工作做得更好。在年度预算会议上，国民议会需要讨论政府各个部门的工作情况，审议和批准政府年度决算和预算报告；提出和批准要执行的计划，并以法律形式规定实施这项计划的措施；讨论和批准坦桑尼亚与有关国家或国际组织签署的所有条约和协议等。

国民议会设有13个常设委员会，包括财政和经济事务、司法和宪法事务、公共利益、准国家机构、外交事务、国防和安全、特殊利益、社会服务、地方当局利益、环境、妇女发展和其他社会集团委员会等。每个委员会负责考察和研究相关问题，必要时可以向国民议会提出有关议案，一般情况下也可以在国民议会会议上通过书面或口头形式对相关问题提出意见或建议。国民议会还可以根据特殊需要设立专门委员会，例如，1991年由当时的执政党——革命党全国执行委员会——任命的总统委员会就是一个专门委员会，任务是就坦桑尼亚是否要实行多党制问题在全国征求意见。

3）国民议会领导人

议长是国民议会的最高领导人，由全体议员通过秘密投票的方式从议员当中或具备议员资格的其他人员当中选举产生。

在国民议会中还有2位领导人，即执政党政府工作负责人和议会反对党团领导人。按照宪法规定，反对党在议会选举中获得的席位超过30个后可以在议会中组织反对党团，甚至组织影子内阁。

议长是国民议会例会的主持人。议长由副议长协助工作。国民议会会议也可以由副议长、执政党议会领导人或反对党团领导人、国民议会秘书主持。

国民议会秘书是国民议会秘书处的首席执行官，由总统任命。秘书处下设国民议会秘书办事处、国民议会行政和人事处、国民议会事务管理处、国民议会常设委员会办事处、国民议会议事录办事处、国民议会图书馆和资料服务处等。

（2）桑给巴尔代表会议

桑给巴尔立法机构由桑给巴尔总统和桑给巴尔代表会议组成。

坦桑尼亚实行多党制以后，桑给巴尔代表会议的规定名额为 76 人（从 1995 年 10 月大选开始）。其中，规定由桑给巴尔各选区选民选举产生 50 人；由桑给巴尔总统任命的最多 10 人；桑给巴尔岛和奔巴岛两个岛的 5 个省的省长与桑给巴尔检察长作为当选代表，共 6 人；由有关政党按其在代表会议选举中所获席位的比例推荐女代表，共 10 人。

2. 司法机构

1974 年坦桑尼亚总统任命了一个司法事务委员会，专门负责研究全国司法体系一体化建设问题。1977 年坦桑尼亚国民议会新宪法通过后，在司法程序方面参照英国的习惯法或成文法、伊斯兰法和本国民族（或部族）传统法律，对许多民事和刑事案件的审理工作做了规定，以便实现大陆和桑给巴尔司法程序的一体化。但是，由于两地传统不同，特别是宗教影响不同，司法机构一体化的工作进展十分缓慢。自坦桑尼亚联合共和国建立以来，除了一些根据需要逐渐建立起来的少数全国性司法机构外，坦桑尼亚大陆和桑给巴尔迄今都还保留着彼此独立的司法机构。

坦桑尼亚大陆地区司法体制与桑给巴尔司法体制是并行且互不交涉的，大陆地区司法体制包含四级法院系统，即基层治安法庭、初级法院、地区及居民裁判法院和高等法院。桑给巴尔司法体制主要包括三级法院系统，即基层法院、地区法院和高等法院。桑给巴尔岛和奔巴岛各设一伊斯兰教法庭，专司处理违反伊斯兰教义的案件。

目前，坦桑尼亚全国共有 15 个高等法院，其中坦桑尼亚大陆地区 14 个高等法院、桑给巴尔地区 1 个高等法院。在法官任命方面，最高上诉法院和高等法院法官均由总统咨询司法委员会的意见后任命；其他法院的法官，均由首席大法官任命。

第三章　坦桑尼亚投资与贸易

优越的地理位置、稳定的政局环境、开放的商品市场和要素市场以及长期保持比较高的国内生产总值增长速度，使得近年来坦桑尼亚吸引外国投资的能力不断提升。坦桑尼亚国际贸易基础薄弱，长期处于贸易逆差状态。2003年2月通过《国家贸易政策》，进一步确定了发展外贸、以外贸带动国内生产总值增长的战略，坦桑尼亚对外贸易发展迅速，贸易市场潜力巨大。本章重点分析、研究坦桑尼亚的国内市场环境和市场投资环境、坦桑尼亚外贸体制与格局和中坦双边贸易关系与前景，有利于深入了解坦桑尼亚的投资背景以确定投资方案，深入了解坦桑尼亚国际投资与贸易发展模式，以及在共建"一带一路"下中坦经济贸易的进一步合作和发展前景。

一、坦桑尼亚的市场投资环境

（一）投资方式

对坦桑尼亚进行投资有外商直接投资和间接投资（股权投

资)。直接投资可以分为三种方式：第一种是绿地投资，就是在国外直接新建一个跨国公司；第二种是建立跨国合资企业，也称作联合经营；第三种则是跨国并购。各个国家可以根据本国的实际情况并结合坦桑尼亚的市场环境，对不同的投资途径和方式进行选择，而中国对坦桑尼亚的投资合作方式主要为：建设－经营－转让模式和政府与社会资本合作模式。

1. 投资合作的主要方式

建设－经营－转让模式是私营企业参与基础设施建设，向社会提供公共服务的一种方式。在中国一般称之为特许权，是指政府部门就某个基础设施项目与私人企业（项目公司）签订特许权协议，授予签约方的私人企业（包括外国企业）来承担该项目的投资、融资、建设和维护，在协议规定的特许期限内，许可其融资建设和经营特定的基础建设项目，并准许其向用户收取费用或出售产品以清偿贷款，回收投资并赚取利润。政府对这一基础设施有监督权、调控权，特许期满，签约方的私人企业将该基础设施无偿或有偿移交给政府部门。

建设－经营－转让模式主要适用于投资规模大、期限长的项目，外商投资坦桑尼亚的基础建设项目往往需要较长的时间，其优点是：第一，发挥私营企业的能动性和创造性，提高资源配置效率；第二，企业将项目建成后只有在特许期内精心经营才能得到回报，所以会努力提高项目的运作效率；第三，有利于国内企业大集团的培育和形成。

政府与社会资本合作模式，狭义上指的是政府与私人企业基于提供产品和服务为出发点，达成特许权协议，形成"利益共享、风险共担、全程合作"的伙伴合作关系。政府与社会资本合作模式的主要特点是：政府对项目中后期建设管理运营过程参与程度更深，企业对项目前期科研、立项等阶段参与程度更深；政府和企业都是全程参与，双方合作的时间更长，信息也更对称；主要适用的行业有煤炭、石油、天然气、铁路、公路、水运、电信通信等。

政府与社会资本合作模式的优势主要体现在三个方面：于投资国政府，有利于其减轻债务负担，减缓融资压力；于投资国企业，有利于降低其参与公共领域项目的门槛，拓宽发展空间；于被投资国，经济效率高，节省时间和成本且能改善当地的基础设施。

2009年11月，坦桑尼亚出台了国家公私合营政策。坦桑尼亚实施的多数政府与社会资本合作模式项目是通过维修改造和新注资的方式运营现有企业，从而获得政府授予的特许经营权。值得一提的是，坦桑尼亚政府与社会资本合作模式在教育、卫生、水利设施领域取得了圆满成功。但在其他领域，特别是复杂项目方面还缺乏操作指南。

2018年9月12日，坦桑尼亚国民议会讨论针对政府与社会资本合作模式的新法律法规，主要内容是坦桑尼亚政府在与外国私营投资方进行政府与社会资本合作模式的商业合作时，如发生纠纷，坦桑尼亚方不接受国际仲裁，只能在坦桑尼亚法院进行仲裁。

2. 投资进入模式

投资进入模式是指特定企业在国际目标市场投资建立或扩充一个永久性企业，并对其经营管理拥有一定程度的控制权的模式。依据国际经验，外国企业在坦桑尼亚投资兴业，可以参照下列模式。

（1）出口进入模式

出口进入模式包括间接出口和直接出口两种方式，前者是指企业通过中间商来从事本公司生产的品牌产品的出口，适用于初设对外投资活动的中小企业，因为其特点是比较灵活且不用承担各种市场风险。后者是指特定企业建立已有外贸部门，或者使用目标国家的中间商来从事专利产品或品牌产品的出口，其特点是绕开了中间商直接对外出口销售商品或服务，这是一种传统、简单且风险最低的进入方式。

（2）契约进入模式

契约进入模式即合同进入模式，又称非股权进入模式，它有多种具体的形式，而且富有较强的灵活性和实用性。主要包括许可证贸易模式、特许经营模式、合同制造模式、管理合同模式、工程承包模式、双向贸易模式。

1）许可证贸易模式

许可证贸易模式是指企业在一定时期内向国外法人转让公司工业产权（如专利、商标、配方等无形资产）的使用权，以获得提成或其他补偿。理论上讲，该种模式最大的优点是能绕过目标市场进口壁垒且不用冒太大的政治风险，但不利于对目标市场营销规划和方案的控制。

2）特许经营模式

特许经营模式要给予特许方以生产和管理方面的协助。

3）合同制造模式

顾名思义，合同制造模式就是企业依据合同，向国外企业提供零部件，由国外企业组装，并由企业负责营销的一种投资方式。该模式的好处在于，不仅可以输出技术等无形资产，还可以输出劳务和管理等生产要素。但是也有相应的坏处，如合同制造往往涉及零部件及生产设备的进出口，因而有可能受到国家贸易壁垒的影响。

4）管理合同模式

管理合同模式是指拥有一定资质的管理公司，以合同形式承担另一公司的一部分或全部资产的管理任务，以获取管理费等报酬。这种模式的优点是可以发挥管理的长处，无需先支付运营资金就可获取预期的经营收入。缺点是一旦合同到期，相关企业就必须离开东道国。

5）工程承包模式

工程承包模式是指特定企业通过与国外企业签订合同并完成某一工程项目，然后将该项目交付给对方。其最大的吸引力在于，它所签订的合同往往是大型项目，利润相对丰厚，但是，由于工程承包模式的长期性，项目的不确定性风险将会增加。

6）双向贸易模式

双向贸易模式是一种互惠互利的投资进入模式，具体是指特定公司依据本公司生产和经营计划向目标市场定点销售产品，与此同时，承诺向该国输入其他产品作为补偿。外国企业进入坦桑尼亚市场，不同类型企业可根据实际情况采用不同的模式以获取相应的综合效益。

3. 投资模式

投资模式属于进入目标市场的高级阶段，具体包括合资、独资和国际战略联盟等。

（1）合资模式

合资进入模式是指特定企业与目标国家的伙伴联合投资、共同经营、共同分享股权及管理权、共担风险的一种模式。外国投资者可利用成熟的营销网络体系推进终端产品销售，尽可能打开坦桑尼亚当地市场，当地企业的积极参与使项目更容易被坦桑尼亚相关部门接受或批准，同时也使相关企业适应当地社会环境，较好地理解和执行当地产业政策。

（2）独资模式

顾名思义，独资指的是特定企业直接到目标国家投资建厂或并购目标国家的企业。独资经营使得企业可以完全控制整个生产管理和销售活动，独立支配所得利润，技术和商业秘密也不易丢失。但是独资模式要求本企业负责全部资金的筹措、投放和管理，企业投产后扩大市场规模容易受到限制，还可能遭遇政治和经济风险，如货币贬值、外汇管制、政府没收等。

(3) 国际战略联盟

除了上述两种投资进入方式外，外国企业还可以依据在国内合作或目标合作伙伴，组成两个或两个以上的企业携手进入目标市场，共担风险，共同开拓市场，分享生产和经营利益。国际战略联盟是弥补劣势、提升彼此竞争优势的重要方法。

由于坦桑尼亚的政局稳定、法制健全、投资政策较为宽松、汇率稳定，而且生产要素价格较低、基础设施相对完善、国内市场竞争强度不大，投资者可以考虑采取契约进入模式和外商直接投资模式进入该国市场。

（二）投资政策

坦桑尼亚是一个具有发展潜力的国家，有很多领域没有得到开发。为吸引更多外国资本的直接投入，坦桑尼亚致力于改善投资环境。

坦桑尼亚于 1990 年成立投资促进中心，负责审批投资项目，向国内外投资商提供咨询。1997 年颁布《坦桑尼亚投资法（1997 年）》，2002 年颁布《出口加工区法案》。根据联合国贸易和发展会议发布的 2022 年《世界投资报告》，2021 年，坦桑尼亚吸收外资流量（估值）为 9.22 亿美元；截至 2021 年底，坦桑尼亚吸收外资存量（估值）为 171.53 亿美元。

外资主要集中在矿业、旅游业、农业、制造业和通信业等领域。坦桑尼亚政府鼓励外商投资农业、教育、医疗，以及公路、铁路、机场和旅馆建设等项目。目前，英国、中国、印度、肯尼亚、南非等是坦桑尼亚主要外资来源地，其中来自中国、南非、印度等新兴经济体的投资较为活跃。

根据《坦桑尼亚投资法（1997年）》，坦桑尼亚鼓励投资的领域和行业分为两部分：最惠领域和优先领域。

最惠领域包括农业，以及以农业为基础的工业、采矿业、石油、天然气、旅游、基础设施建设、公路交通、铁路交通、海河交通、航空、通信、金融和保险服务。在这些领域投资时，资本货物免缴进口关税。

优先领域包括能源、化工、制造业、纺织与皮革生产、自然资源的开发、渔业、林业、人力资源、建筑、房地产开发、管理咨询、广播和电视以及以出口为导向的项目等。在这些领域投资时，资本货物只需缴纳5%的进口关税。

坦桑尼亚政府在国际货币基金组织和世界银行的支持下，执行经济调整计划，推行私有化，致力于营造良好的投资环境，并相应制定和出台了一些促进和保护投资的法规。目前正在制订和修改土地法、劳动法等，以确保投资者及时得到土地，并按照市场经济要求保障企业合法权益。

1. 投资主管部门

坦桑尼亚投资中心作为坦桑尼亚政府全权处理投资事务的首要代理机构，负责协调、鼓励、促进、便利和推动外国资本在坦桑尼亚的投资等职能。

坦桑尼亚投资中心主要职责包括：负责向政府提供投资及其相关事务的建议，帮助投资者注册公司和企业，协助投资者获取进行投资所必须的许可证、执照、批准书和登记证等，解决本地与外来投资者之间的问题，促进本地与外来投资者的投资活动，保证投资场所的安全，帮助投资者建立出口加工区，授予可证明投资者身份的官方证书，批准投资保证书和注册技术协议，提供有关投资机会、收益、鼓励等方面的最新信息，为所有已经或未经坦桑尼亚投资中心注册的投资者提供帮助。

2. 投资行业的规定

坦桑尼亚投资行业的主要法律法规有：《坦桑尼亚投资法（1997年）》《桑给巴尔投资保护法》《石油法》《采矿法（1998年）》《国家环境法》《收入税法》《贸易和服务商标法》等。

（1）鼓励投资的行业

主导行业和先导行业可申请投资优惠证书：主导行业包括采矿、基础设施建设（如道路、桥梁、铁路、机场、发电站、通信业、水利和采矿业等）和出口加工区；先导行业有农业（包括畜牧业）、航空、商业建筑、商业发展和商业银行、出口导向项目、地理上的特别发展区域、人力资源开发、制造业、自然资源开发（包括渔业）、广播和电视、旅游业。

（2）禁止投资的行业

禁止投资的行业包括：制造和加工迷幻药；武器和军火的制造；砍伐木材，生产以木材为主的胶合板、合板，使用原木作为原材料的行业需得到旅游及自然资源部的批准。

（3）投资方式的规定

坦桑尼亚允许外商进行直接投资和间接投资。

允许外商独资的基础设施行业有：高速公路建设、桥梁、电信、机场、铁路、自来水分布、电力；还有要求投资者具备专业技术的行业，如航空、海运、高科技工业、房地产、制药等行业，并要求提供相应职业技术人员的证书及推荐书等。

坦桑尼亚对于外商并购当地企业没有硬性规定，根据《坦桑尼亚公司法》规定，需要通过律师重新起草公司备忘录，修改并购公司的备忘录和重新注册。

3. 优惠政策框架

目前，部分进口商品以及用于出口的商品和服务免交增值税。投资于最惠领域的资本货物免交进口关税，其中农业项目除建筑物外免征原材料和资本货物进口关税。

4. 行业鼓励政策

投资主导行业和先导行业的外资企业及投资额在50万美元以上的外国独资或合资企业，可向坦桑尼亚投资中心申请"投资优惠证书"并可享受以下税收优惠政策：私有财产会得到保护并且不会受到非商业风险的损害；投资企业在投资回收前的收益免交所得税，投资回收后需缴纳所得税。

表3-1　坦桑尼亚主导行业税收减免情况

税种 行业	公司税	资本财产关税	资本财产销售税	收入年度资本减让	股息抵扣税	利息抵扣税
采矿业	30%	0	0	100%	10%	0
基础设施建设	30%	0	0	100%	10%	0
出口加工区	—	0	0	100%	10%	0

资料来源：坦桑尼亚财政部。

注：基础建设包括道路、桥梁、铁路、机场、发电站、通信业、水利、采矿业和其他类似行业的后备服务。

表3-2　坦桑尼亚先导行业税收减免情况

税种 行业	公司税	资本财产关税	资本财产销售税	收入年度资本减让	股息抵扣税	利息抵扣税
农业（包括畜牧业）	30%	5%	0	100%	10%	0
航空	30%	5%	0	100%	10%	0
商业建筑	30%	5%	0	100%	10%	0
商业开发和小型商业银行	30%	5%	0	100%	10%	0
出口导向项目	30%	5%	0	100%	10%	0
地理上的特别发展区域	30%	5%	0	100%	10%	0
人力资源开发	30%	5%	0	100%	10%	0
制造业	30%	5%	0	100%	10%	0
自然资源开发（包括渔业）	30%	5%	0	100%	10%	0
广播和电视	30%	5%	0	100%	10%	0
旅游业	30%	5%	0	100%	10%	0

资料来源：坦桑尼亚财政部。

5. 特殊经济区域的规定

2002年，坦桑尼亚开始出口加工区的建设并出台了《出口加工区法案》。2006年，坦桑尼亚设立出口加工区管理局。截至2021年，坦桑尼亚出口加工区登记注册的项目超过140个，总投资额近26亿美元，提供就业岗位超过5万个。其中，坦桑尼亚本地企业占45%，印度企业占21%，中资企业占9%，其他国家和地区的企业占25%。

（1）出口加工区

出口加工区主要以出口型生产企业为主，其对入驻企业有三个要求：一是新投资项目；二是企业80%以上的产品出口（剩余产品允许在当地销售）；三是年出口额在50万美元及以上。坦桑尼亚出口加工区一般以两种形式存在，一种是工业园，另一种是独立经营的企业。因为工业园安置企业的空间和管理企业的能力均有限，坦桑尼亚出口加工区管理局允许独立经营的企业在自己选定的区域建设工厂或租赁企业用地，享受与园区内企业一样的优惠待遇。坦桑尼亚的出口加工区主要有千禧年商业园、哈发迪出口加工区、基松果出口加工区、卡马尔工业园和全球工业园。

1）千禧年商业园

千禧年商业园位于达累斯萨拉姆市莫罗戈罗路的乌本戈地区，总面积约0.093平方千米。截至2021年，千禧年商业园有3家出口加工企业，其中1家正在运营，1家正在安装机械设备，1家由于管理不善暂停生产。千禧年商业园是私有财产，属于私人投资者设立的园区。

2）哈发迪出口加工区

该出口加工区也在乌本戈地区，总面积约 0.081 平方千米。截至 2021 年，园区有 5 家企业，其中 4 家正常运营，1 家正在建设中。该出口加工区是公有财产，所有权属于国家社会保险基金会。

3）基松果出口加工区

该园区位于阿鲁沙省，总面积约 0.283 平方千米。园区向入驻企业出租土地，提供有偿物业管理服务。该园区所有权属于私营企业。

4）卡马尔工业园

该园区位于普瓦尼省巴加莫约市，总面积约 1.21 平方千米。该园区正在建设，建成后，将为投资者提供可租赁的土地、企业用地以及有偿物业管理服务。

5）全球工业园（姆库兰嘎出口加工区）

该园区位于达累斯萨拉姆市以北 25 千米的基萨拉维，总面积约 0.1 平方千米。目前已基本建成，道路、水、电、煤气等基础设施已完成，规划的区块土地每平米售价 60 美元。

（2）经济特区

经济特区主要以出口加工制造以外的其他行业企业为主，如农业、贸易、旅游、矿业、林木业等，产品面向坦桑尼亚当地市场或出口均可。对入驻企业要求投资额不低于 500 万美元。本杰明·威廉·姆卡帕经济特区为坦桑尼亚的第一个经济特区，总面积约 0.26 平方千米。该园区位于首都达累斯萨拉姆曼德拉高速公路旁的乌本戈地区，所有权完全属于坦桑尼亚政府。截至2022年，该经济特区提供了4761个工作岗位，年出口额为7000万美元。

在未来几年，坦桑尼亚经济特区建设将主要朝3个方向发展：出口型经济开发区：与现有的出口加工区完全一样；专业化经济开发区：与目前的经济特区类似，另外还将包括自由贸易区、自由港、科技园区、娱乐园区、农业用地等；城镇型经济开发区：该开发区将仿照中国深圳经济特区和天津泰达经济开发区的模式，建设城镇型的经济开发区。

在出口加工区管理局的未来规划中，有以下3个优先发展的经济特区：

1）姆特瓦拉经济特区

该特区位于坦桑尼亚南部姆特瓦拉省，面临印度洋，规划面积约26.5平方千米，连接莫桑比克、马拉维、赞比亚和刚果（金）。该区以油气资源开发及原有姆特瓦拉港为依托，拟建成集自由港区、工业园、科技园、旅游园和物流中心于一体的综合经济特区，以支持坦桑尼亚南部经济发展走廊计划（姆特瓦拉走廊）。重点吸引油气开发企业、油气服务商、化肥企业、石化企业、水泥企业、煤铁加工以及农产品加工企业（如腰果、木薯、园艺等）。

2）基戈马经济特区

该特区于位于坦桑尼亚西部，面临坦噶尼喀湖，规划面积约30平方千米，非常适合与周边邻国开展边境贸易。该项目主要包括商业区、工业园、旅游园、仓储、酒店、银行、学校和医院的开发。

3) 中坦工业园

中坦工业园作为坦桑尼亚首个国家级工业园区，占地面积 10 平方千米，划分为 7 大板块，包括农产品加工区、建材加工区、设备制造区、医药区、日化区、纺织贸易区和出口加工区。

中坦工业园是坦桑尼亚政府的旗舰项目之一，于 2022 年 5 月正式开工建设，目前第一期基础设施全面完成，已具备企业入园条件，已经有签约企业 10 家，意向入园企业 20 余家。

(3) 优惠政策

出口加工区和经济特区享受以下优惠政策：

1) 出口加工区优惠政策

根据坦桑尼亚 2002 年 4 月颁布的《出口加工区法案》，入驻出口加工区的企业可享受财政优惠、非财政优惠以及程序优惠政策。

A. 财政优惠政策

当地政府免收出口加工区产品税、10 年的公司税、公用事业增值税和码头税；免收 10 年的租金、分红和利息税；免除关税、原材料增值税、资本产品增值税；免收企业进口一辆机动车、一辆救护车、消防设备和车辆以及两辆巴士的关税。

B. 非财政优惠政策

出口加工区企业可获得良好、现代而可靠的服务；允许 20% 的产品在国内市场销售；公司始建阶段自动拥有 5 名外籍人员工作许可名额；装船前及到港免检；为企业成立初期带来关键技术人员、管理人员以及员工培训人员签发有效期为60天的临时签证；在满足有关规定条件和程序前提下，获得出口信贷；无条件转出利润和分红。

C. 程序优惠政策

精简投资项目决策程序和项目批准程序；出口加工区现场海关检查。

2）经济特区优惠政策

出口加工区管理局将经济特区投资者分为4类，分别享受不同的优惠政策：

A. A类投资：基础设施类的投资

a. 机械、装备、重型车、建筑材料、零配件和消耗品以及其他用于开发区基础设施建设的资产类货物免税；

b. 免除开发区投资企业前10年的公司税；10年的免税期到期后按《所得税法》关于税率的规定收取公司税；

c. 免除开发区投资企业前10年的租金税、分红和利息税；

d. 免除物业税；

e. 免除进口一辆商务车、一辆救护车、一辆运货车、一辆消防车、两辆公司员工通勤巴士的关税、增值税以及其他购买这些车辆应缴纳的税款；

f. 免除经济开发区内的印花税；

g. 企业建立初期自动拥有5个工作许可名额，之后，每增加1个工作许可名额，需向管理局申请，同时需征求移民局意见。审批单位在综合考虑当地人意见、投资人所使用技术的复杂性、申请人与投资人之间协议等多方面因素后，才可授予新的工作许可名额；

h. 免除公共事业与服务的增值税。

B. B 类投资：从事商务活动、服务和生产出口产品的投资

a. 进入开发区的原材料、零部件、资产性物资，免除关税、增值税及其他税项；

b. 免除国外贷款的利息税；

c. 与 A 类投资的 e 项相同；

d. 装船前及到港免检；

e. 享受货运现场清关；

f. 为关键技术人员、管理人员和培训人员提供最长 2 个月的商务签证。签证到期后，可按照 1995 年颁布的《移民法》申请居留证；

g. 与 A 类投资的 g 项相同；

h. 在经济开发区内享受优质、现代和可靠的服务。

C. C 类投资：面向出口市场的生产型企业

a. 企业在符合申请条件的情况下，可获得出口信贷；

b. 免除与开发区生产相关的原材料、零部件、资产类物资和耗材的关税、增值税及其他税收；

c. 免除开发区投资企业前 10 年的公司税，10 年的免税期到期后按《所得税法》的规定缴纳公司税；

d. 免除开发区投资企业前 10 年的租金税、分红和利息税；

e. 免除开发区投资企业前 10 年所有由当地政府征收的税；

f. 装船前及到港免检；

g. 享受货运现场清关；

h. 与 B 类投资的 f 项相同；

i. 与 A 类投资的 h 项相同；

j. 与 A 类投资的 g 项相同。

D. D 类投资：特殊行业投资

D 类投资者除享受 A 类投资的优惠待遇外，还享受特殊行业法律规定的优惠待遇。

（4）外汇兑换

外国投资者在遵守坦桑尼亚《反洗钱法》和《外汇法》有关规定的前提下，可将合法所得在获得授权的银行自由兑换外汇：投资和经营所得的净利润和红利；外国贷款的服务费；技术转让协议项下所发生的费用；经营企业出售或清算所得的汇款（税后）或投资所得的利息；坦桑尼亚企业向外籍人士支付的薪资和其他福利支出，在缴纳所得税后的合法收入。

6. 战略投资者地位

坦桑尼亚投资中心规定，达到一定投资规模并且给当地带来重大经济社会效益的投资项目，可以申请战略投资者地位。申请成功后，战略投资者可就优惠政策和坦桑尼亚一方直接进行谈判，申请符合自身利益的政策，从而保障投资利益。

随着坦桑尼亚投资环境的改善，以及大规模能源储量的发现，越来越多的外资关注坦桑尼亚，使得坦桑尼亚成为投资热土。为保障本国利益，坦桑尼亚投资中心多次修改相关规定，提高战略投资者地位的资金门槛，先从 2000 万美元提高至

5000万美元，目前计划将门槛提高至10亿美元。

7. 其他优惠政策

外资企业可享受100%资本退还（通过减免税费等形式全额返还企业的资本投入）；外国股东所得股息和分红可自由汇出；在资本投资回收（公司利润与资本投资相抵）前，免缴所得税；企业可享受5年亏损补偿；资本投资回收后所得税为净利润的30%；免缴利息预扣税；股息预扣税为股息的10%；出口加工区免缴股息预扣税等。

（三）金融体系

1. 当地货币

坦桑尼亚当地货币是先令，可自由兑换。2021年官方货币汇率时期平均值：1美元兑2297.76先令。

2009年以来坦桑尼亚先令对国际主要货币汇率持续小幅贬值，人民币不能与先令直接结算。

2. 银行体系

20世纪90年代初，坦桑尼亚开始实行国内银行业的开放改革。1995年，坦桑尼亚成为世界贸易组织成员后，银行管理体制也逐渐按照世界贸易组织和其他国际组织的规则朝着规范化方向发展。但是由于坦桑尼亚经济基础薄弱，银行业经营范围和经营水平仍有明显差距。目前，坦桑尼亚银行体系构成主

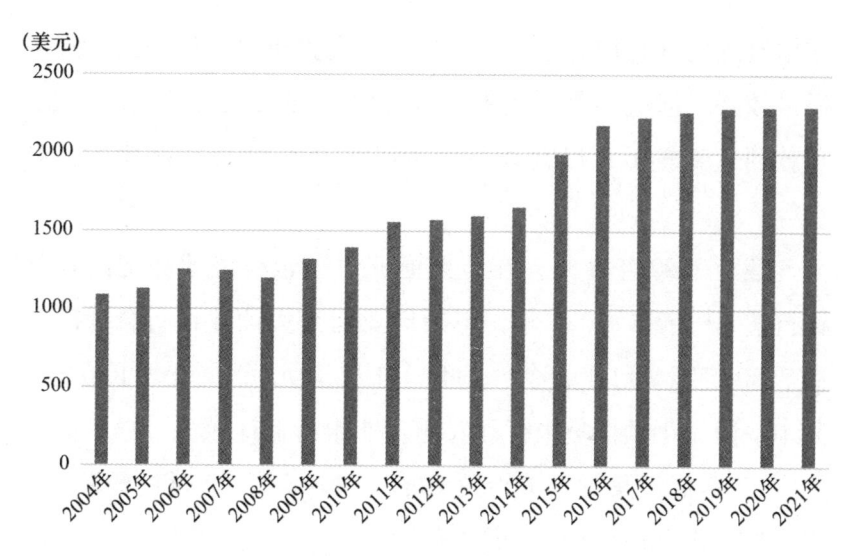

图 3-1 坦桑尼亚 2004—2021 年官方货币汇率

（1 美元兑 X 先令，时期平均值）

资料来源：世界银行数据库。

要包括以下三类：第一，原有国有银行改制而成的商业银行，包括国家商业银行、农村合作银行、投资银行、邮政储蓄银行等。这些银行基本由国家控股，仍可得到国家扶持，营业网点分布广泛，但资金实力薄弱，经营管理不规范。第二，本地私营商业银行，主要由在当地从事商业活动的印度人和巴基斯坦人开设。其资本来源为当地印度和巴基斯坦商人的商业资本以及相关国外资本，在当地印度和巴基斯坦商人中有一定基础，国际联系广泛，经营灵活，但资金实力比较薄弱，在其经营范围以外缺乏影响力，商业风险较大。第三，外国投资开办的银行。坦桑尼亚于 1991 年开始允许外国银行开设分支机构。最早进入坦桑尼亚的有美国花旗银行。英国、美国和南非的银行在坦桑尼亚具有较大影响力，其资金实力雄厚、信用以及服务质量较好，但银行费用较高，对客户的要求相对严格。例如，存款利息率较低，以及在某些情况下甚至对公司存款不付利息等。

截至2022年3月，在坦桑尼亚中央银行注册登记的各类银行达40余家。2021年，坦桑尼亚前十大商业银行合计净利润7150亿坦桑尼亚先令（约合3.1亿美元），同比增长62%。其中，国家小额信贷银行和农村合作银行遥遥领先，净利润分别为2890亿坦桑尼亚先令（约合1.25亿美元）和2675.6亿坦桑尼亚先令（约合1.16亿美元）。

目前，在坦桑尼亚境内占据重要地位的国际金融机构主要包括世界银行、国际货币基金组织、非洲开发银行和东非开发银行，其业务范围主要为政策性业务，包括通过贷款、投资及技术帮助提高当地的经济和社会发展水平。其经营优势主要在于贷款期限长、利率低，劣势在于这些金融机构在发放贷款的同时要附加一些政治条件。

值得一提的是，近些年来，坦桑尼亚政府根据减贫战略计划的需要设立了一些政策性非银行金融机构，包括坦桑尼亚社会行动基金、国家乡村基金、小额信贷基金、农业投入信托基金等。坦桑尼亚社会行动基金设立于2000年，旨在向贫困个人、家庭和社区提供一些减贫贷款；国家乡村基金是社会行动基金的一个组成部分，主要向乡村地区弱势群体提供一些救助，帮他们解决生活上的困难。上述两项基金得到世界银行的赞助，世界银行2000年8月和2004年11月两次向坦桑尼亚政府提供6000万美元和1.5亿美元的贷款和赠款。2020年，世界银行向坦桑尼亚社会行动基金第三阶段第二部分计划融资2.03万亿先令（约合8.79亿美元）用于该项目最新部分的实施。小额信贷基金设立于2001年，旨在帮助发展小工业、小企业，为更多的贫困人口提供就业机会，非洲开发银行向坦桑尼亚政府提供了1000万美元的贷款。农业投入信托基金，设立于2003年，主要为农民购买农机具、化肥、农药和种子等提供信贷。此外还有全国企业家发展基金和达累斯萨拉姆社区银行等。

3. 证券、股票市场

1996年，坦桑尼亚政府在达累斯萨拉姆设立了股票交易市场——达累斯萨拉姆证券交易所。截至2022年4月，共有28家公司在达累斯萨拉姆证券交易所上市，其中，银行保险券商类11家、食品饮料类5家、航空类3家，其他涉及水泥、油气、传媒、电信、投资等行业，总市值约16万亿坦桑尼亚先令（约合70亿美元）。规模较大的本地上市公司有坦桑尼亚油气公司、坦桑尼亚啤酒公司、坦桑尼亚烟草公司、坦噶水泥公司、坦桑尼亚农村合作银行、达累斯萨拉姆社区银行、坦桑尼亚小额贷款银行等。同时，在坦桑尼亚上市的公司肯尼亚商业银行、国家媒体集团、乌秋米超市也同步在内罗毕证券交易所、乌干达证券交易所和卢旺达证券交易所上市。

4. 信用卡使用

中国国内商业银行发行的万事达卡、维萨卡在坦桑尼亚均可使用，但范围有限，仅在国际机场、大型超市和五星级酒店可用，小型商店、酒店、招待所、餐馆和普通商贩不具备刷卡条件。总之，自20世纪80年代以来，坦桑尼亚在金融改革方面制定了一系列法律，采取了一些措施，经过40多年的努力，已经建立了一个比较活跃、充满竞争力的金融体系。

（四）税收体系

1. 税收体系和制度

坦桑尼亚实施中央政府和地方政府两级政府体制。地方政府的收入来自市议会和区议会等地方当局管辖范围内对发展、财产、服务、农产品和牲畜以及商业营业执照等征收的税费。

坦桑尼亚税收结构由直接税收和间接税收两部分组成。直接税收指收入所得税和财产税，包括企业所得税、个人所得税、小型业主所得税、资本收益税、个人技能和发展培训税和预扣税等，由收入所得税部门负责管理；间接税收指消费税和国际贸易税，包括增值税、印花税、进口税、消费税和其他税赋，由海关和消费税收部门及增值税收部门负责管理。增值税收部门同时还负责为中央政府征收其他各项费用。直接税收和间接税收统一委托坦桑尼亚税务局代为征收。

根据世界贸易组织要求，坦桑尼亚政府正在逐步降低进出口关税。目前，进口关税最高为25%。对部分传统出口商品不征收出口关税，包括棉花、咖啡、剑麻和腰果等。根据东非共同体协定，东非将建立地区关税同盟，取消同盟内部关税并对外实行统一关税。

2. 主要税赋和税率

坦桑尼亚主要赋税种类和税率如下：

（1）企业所得税

企业所得税税率为30%。适用于所有公司（包括常住居民和非常住居民）。应纳税收入部分严格按照商业计算惯例进行，不包括未在收入税法律规定范围内的特殊消费。但是，确定应纳税收入时可以允许一定的资本消费。

（2）个人所得税

根据个人收入分别按不同比例计算，最高为30%。个人收入所得税率在坦桑尼亚大陆有四类，起征点为月收入270000先令以上（270000先令及以下免征）。常住居民每年需缴纳全球范围内的个人收入所得税，非常住居民只缴纳在坦桑尼亚境内产生的个人收入所得税。雇员所得税由雇主每月按基数向收入税管理委员会缴纳。如果除薪金以外还有其他收入，则同企业所得部相关规定一样，还需递交临时和最终收入报告。

（3）小型业主所得税

因经营性质应缴税金记录保存不完整的小型业主，根据其营业额计征，主要有：年营业额400万—750万先令的每年计征15万先令，750万—1150万先令的每年计征31.8万先令，1150万—1600万先令的每年计征54.6万先令，1600万—2000万先令的每年计征86.2万先令。

小型业主能够完整保存其应缴纳税金记录的，根据其营业额的多少按比例计征，即年营业额400万—750万先令的为超过400万部分的3%，750万—1150万先令的为13.5万加超过750万部分的4.5%，1150万—1600万先令的为28.5万加超过1150万部分的4.5%，1600万—2000万先令的为48.7万加超过1600万部分的5.3%。年营业额超过2000万先令的小型业主应提交审计报告。

（4）资本收益税

在坦桑尼亚境内出售单个资产所获取的资本收益，对常住居民按10%的比例征收，非常住居民按20%的比例征收；出售公司资产所获取的资本收益一律按30%的比例征收。

（5）实物优惠税

该税主要针对住房和汽车征收。对住房的征税将住房市场租金和以下情况的最高者相比较，取两者之中最低者：员工年度总收入的15%；雇主针对住房向员工扣除的费用。对汽车的征税根据引擎的排气量和使用年限来确定。

（6）个人技能和发展培训税

坦桑尼亚大陆根据雇主支付给雇员的月工资总额的4%计征。桑给巴尔岛根据雇员月工资的5%计征。

（7）预扣税

非常住居民的预扣税额视为最终税收，但是对外国资本贷款利息无预扣税。对于含预扣税的支付，预扣税额可视为税额预付以抵消最终税收。预扣税源共19类，分别采取常住居民和非常住居民两种不同计征方法。

(8) 增值税

由增值税注册人对货物和服务贸易按 18%的标准支付，同时征收未注册增值税者产生的应纳进口税。所有年营业额超过 4000 万先令的经营者应当在 30 天内到增值税委员会申请注册。增值税注册申请须填交增值税 101 号表格，获取注册前，由坦桑尼亚税收管理局核查经营地址。月度增值税报告和税额支付须在次月 20 日就近向地区增值税办公室办理。出口货物和服务贸易、技术及援助项目、慈善项目及教育机构等不征收增值税。

(9) 印花税

针对财产让给行为按其获利的 1%征收；针对农地转让行为，征收 500 先令。针对法律和商业文件以特殊税率征收，应税时间是协议签署后的 30 天内。

(10) 进口税

根据到岸价格征收，关税税率分别为 0、10%、25%、35%四种，零关税适用于矿物等初级原材料，基础设施投资所需的替代零部件、设备以及农业、渔业、家畜、医药、全拆的摩托车零配件、计算机、移动通信设备等。10%的关税适用于食品废料、工业零配件、窑用冷却剂、弯头、窑用压缩配件等半加工工业品。25%的关税适用于皮革、服装配件、木材板、竹子等半加工生活用品，35%的关税适用于肉类、乳制品、花卉、蔬菜、水果、食品饮料等最终消费品。

(11) 消费税

从价或从量征收。从价征收税率分为 10%、15%、17%、

20%、25%和50%等不同级别。从量征收税率分别按不同税率征收,适用于烟酒,酒精,啤酒,软饮料,录制的DVD、VCD、CD,石油天然气。针对进口机动车,按生产日期计算,车龄10年以上的(包括10年)征税30%。

(12) 其他税赋

其他税赋包括燃料税(按每升汽油或柴油200先令征收)、机场服务税(国际航线为40美元,国内航线为10000先令)、港口服务税(常住居民为500先令,非常住居民为5美元)、机动车辆注册税(机动车注册费用为20万—30万先令,脚踏摩托车注册费用为95000先令)和机动车辆过户税(机动车过户费用为50000先令,脚踏摩托车过户费用为27000先令,新户登记证费用为10000先令)。

(五) 营商环境

近年来坦桑尼亚的营商环境不断改善,具体表现为营商便利指数由2016年的132上升至2019年的141(1 = 最有利于营商的法规),总税率、注册资产所需时间、企业注册启动程序、创办企业所需时间均有所减少。

表3-3 2010—2019年坦桑尼亚部分营商指标

时间	2010年	2011年	2012年	2013年	2014年	2015年	2016年	2017年	2018年	2019年
总税率(占商业利润的百分比)	44.4	44.9	44.9	44.3	44.3	43.9	43.9	44.1	44	43.8

续表

时间	2010年	2011年	2012年	2013年	2014年	2015年	2016年	2017年	2018年	2019年
注册资产所需时间（天）	73	73	67	67	67	67	67	67	67	67
企业注册启动程序（件数）	12	12	11	11	11	11	11	11	10	10
创办企业所需时间（天）	31	31	29	29	29	29	29	29	28	30

资料来源：世界银行数据库。

二、坦桑尼亚的对外贸易

（一）坦桑尼亚对外贸易发展

坦桑尼亚对外贸易规模不断扩大，但长期处于逆差状态，且贸易赤字呈上升趋势，贸易进出口结构单一。目前，坦桑尼亚已实行系列贸易政策，与多国保持较为稳定的贸易关系，加入众多全球性经济组织和区域性经济组织，加强外汇管理，扩大外汇储备。

1. 坦桑尼亚对外贸易格局

（1）对外贸易总量及其增长特征

1）对外贸易规模不断扩大

坦桑尼亚经济以农牧业为主，结构单一、基础薄弱、发展水平低下，是联合国公布的48个世界上最不发达国家之一。由于长期的殖民统治，殖民地经济体系严重影响坦桑尼亚的经济与社会发展。一方面，经济作物生产在整个国民经济中占重要地位，20世纪90年代中期以前，坦桑尼亚外汇收入的一半以上均来自经济作物产品的出口；另一方面，坦桑尼亚虽然资源丰富，但对本国资源开发很不充分，工业加工和销售能力较弱，工业品、粮食和能源等严重依赖进口。独立以后，坦桑尼亚政府重视对外贸易发展，逐步实现对外贸易的全面开放。2003年2月坦桑尼亚国民议会通过"国家贸易政策"，进一步确定了发展对外贸易、以对外贸易带动国内生产总值增长的战略，把对外贸易定为实现"2025年国家发展愿景规划"所规定的减贫目标的战略措施之一。

随着对外贸易的逐步开放，坦桑尼亚对外贸易不断取得新进展，对外经济贸易合作迅速发展，贸易规模也不断扩大。2005年坦桑尼亚贸易总额为71.77亿美元，2008年增长到142.52亿美元，其中进口额为86.74亿美元，出口额为55.78亿美元。2014年贸易总额达到223亿美元，其中进口额87.14亿美元，出口额为135.86亿美元，2017年贸易总额降至173.26亿美元，其中进口额为86.42亿美元，出口额为86.84亿美元。2020年受新冠疫情影响，坦桑尼亚对外贸易总额有所下降，同比减少11.8%，疫情后坦桑尼亚对外贸易迅速恢复，2021年和2022年坦桑尼亚贸易总量高达213.96亿美元和290.64亿美元，创历史新高。

近年来，坦桑尼亚贸易总额同比增长率变化较大。2005—

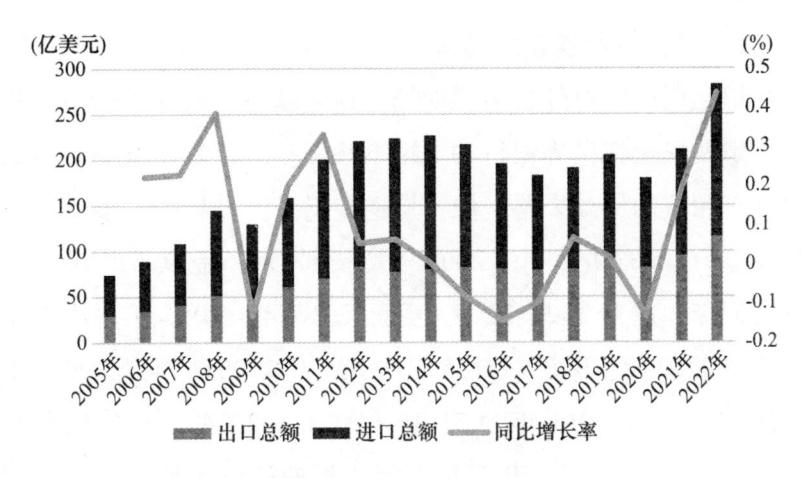

图 3-2 贸易总额与同比增长率

资料来源：联合国贸易和发展会议。

2008年对外贸易总额持续增长，增长幅度大，2008年对外贸易总额同比增长率达到36.67%。受2008年金融危机影响，2009年对外贸易总额大幅减少，同比下降10.46%，2010年有所回升，同比增长21.34%，2011年同比增长25.55%。由于世界经济复苏步伐缓慢，国际需求不振，国内经济下行压力较大，坦桑尼亚对外贸易总额增长逐步放缓，从2012年增长率9.97%下降到2016年的-15.33%。2017年起坦桑尼亚对外贸易不断回暖，但在2020年遭遇疫情打击，增速由2019年的7.12%降至2020年的-11.87%，随后伴随疫情缓和，对外贸易迅速恢复。2022年坦桑尼亚对外贸易总额同比增速高达35.83%，接近历史最高水平。这说明坦桑尼亚的贸易总额总体上具有上升趋势，但受国际环境影响大，对外贸易不稳定。

2）长期贸易逆差的局面

坦桑尼亚的对外贸易长期处于逆差状态，每年均为贸易逆差。坦桑尼亚在世界银行的支持下积极扩大出口，同时减少政府开支和节制借款采购，但贸易逆差仍呈上升趋势。2005 年贸易逆差为 12.33 亿美元，2008 年增长到 31.75 亿美元，2009 年有所下降，逆差为 24.22 亿美元，2010 年、2011 年再次分别增长至 27.09 亿美元、47.35 亿美元，其中 2011 年逆差增长率高达 74.79%。2013 年为 51.16 亿美元，2014 年小幅回落为 4.17%，贸易逆差为 50.7 亿美元。长期的巨大贸易逆差是坦桑尼亚经济发展的难题之一。

表 3-4　坦桑尼亚 2008—2022 年对外贸易差额

时间	贸易差额（亿美元）	同比增长率（%）
2008 年	-31.75	45.76
2009 年	-24.22	-23.72
2010 年	-27.09	11.85
2011 年	-47.35	74.79
2012 年	-40.92	-13.58
2013 年	-51.16	25.02
2014 年	-50.7	-4.17
2015 年	-42.6	-15.98
2016 年	-7.15	-83.22
2017 年	-10.01	40.00
2018 年	-22.21	121.88
2019 年	-8.17	-63.21

续表

时间	贸易差额（亿美元）	同比增长率（%）
2020 年	-6.4	-21.66
2021 年	-17.61	175.16
2022 年	-43.4	146.45

资料来源：联合国贸易和发展会议。

3）进出口年增长特征

坦桑尼亚对外贸易发展不稳定，进出口年增长率变化大，导致对外贸易总额变化较大。由于坦桑尼亚近年来对外经济关系稳定，其进出口年增长率变化有所减小。

表3-5　坦桑尼亚2008—2022年对外贸易总额

	出口总额（亿美元）	进口总额（亿美元）	总量（亿美元）	总量同比增长率	出口同比增长率	进口同比增长率
2008 年	54.99	86.74	141.73	33.43%	34.26%	38.30%
2009 年	51.35	75.56	126.91	-10.46%	-6.62%	-12.89%
2010 年	63.46	90.54	154.00	21.35%	23.59%	19.83%
2011 年	73.00	120.36	193.36	25.56%	15.04%	32.93%
2012 年	85.86	126.78	212.64	9.97%	17.62%	5.34%
2013 年	84.02	135.18	219.19	3.08%	-2.15%	6.62%
2014 年	84.96	135.66	220.62	0.65%	1.12%	0.36%
2015 年	82.12	124.72	206.85	-6.24%	-3.34%	-8.06%
2016 年	83.99	91.14	175.14	-15.33%	2.28%	-26.92%
2017 年	83.12	93.33	176.45	0.75%	-1.04%	2.40%
2018 年	82.15	104.36	186.50	5.70%	-1.17%	11.82%
2019 年	95.81	103.98	199.79	7.12%	16.63%	-0.36%

续表

	出口总额（亿美元）	进口总额（亿美元）	总量（亿美元）	总量同比增长率	出口同比增长率	进口同比增长率
2020 年	84.84	91.24	176.08	-11.87%	-11.45%	-12.25%
2021 年	98.18	115.78	213.96	21.52%	15.72%	26.90%
2022 年	123.62	167.02	290.64	35.84%	25.91%	44.25%

资料来源：联合国贸易和发展会议。

坦桑尼亚贸易总额的同比增长率、进口的同比增长率、出口的同比增长率大体呈现一致的波动趋势，但是在具体年份并不完全一致。由于进口占贸易总额的平均比例达60%，因此进口贸易的变化对总量的变化影响更为明显，且进口的年增长率大于出口的年增长率。进口年增长率峰值出现在2008年、2011年、2018年以及2022年，分别为38.3%、32.9%、11.82%以及44.25%；低值出现在2009年、2016年以及2020年，分别为-12.89%、-26.92%以及-12.25%。出口年增长率峰值出现在2008年、2010年、2019年以及2022年，分别为34.26%、23.59%、16.63%以及25.91%；低值出现在2009年、2013年以及2020年，分别为-6.62%、-2.15%以及-11.45%。

(2) 对外贸易结构

1) 贸易结构

对外贸易分为商品与服务贸易，商品贸易是最大的组成部分。坦桑尼亚对外贸易逆差主要源于商品贸易，即货物贸易逆差。2005年坦桑尼亚对外贸易差额、货物进出口额与服务进出口额分别为-12.36亿美元、-12.80亿美元、0.62亿美元，

2006—2008 年,货物进出口逆差持续增大,服务进出口额增加但占比小,对外贸易逆差增大。2008 年对外贸易总额、货物进出口额与服务进出口额为 -30.97 亿美元、-34.34 亿美元、3.37 亿美元。2009 年总体都在减少,同比下降为 -24.03 亿美元、-25.36 亿美元、1.33 亿美元。2010 年又开始持续上升,2013 年对外贸易逆差与货物进出口逆差达到 2005 年来第一次峰值,分别为 51.16 亿美元、58.29 亿美元,服务进出口额增长到 7.13 亿美元。2014 年到 2022 年期间对外贸易差额呈波动态势,但总体上仍处于逆差状态,且逆差在不断扩大。2022 年对外贸易总差额为 -43.40 亿美元,服务贸易差额为 23.05 亿美元,货物贸易差额为 -66.45 亿美元。这表明坦桑尼亚的对外贸易逆差主要来自于货物贸易,而服务贸易表现良好。

表 3-6　2005—2022 年坦桑尼亚对外贸易结构

时间	贸易差额（亿美元）	服务贸易总额（亿美元）	货物贸易总额（亿美元）
2005 年	-12.36	0.61	-12.97
2006 年	-16.75	2.79	-19.54
2007 年	-21.79	4.61	-26.4
2008 年	-31.75	3.37	-35.12
2009 年	-24.21	1.33	-25.54
2010 年	-27.09	1.57	-28.66
2011 年	-47.35	0.93	-48.28
2012 年	-40.92	4.27	-45.19
2013 年	-51.16	7.13	-58.29
2014 年	-50.7	7.47	-58.17

续表

时间	贸易差额（亿美元）	服务贸易总额（亿美元）	货物贸易总额（亿美元）
2015 年	-42.6	7.83	-50.43
2016 年	-71.5	-50.12	-21.38
2017 年	-10.01	17.92	-27.93
2018 年	-22.2	21	-43.2
2019 年	-81.67	-46.52	-35.15
2020 年	-64	-48.68	-15.32
2021 年	-17.61	15.42	-33.03
2022 年	-43.4	23.05	-66.45

资料来源：联合国贸易和发展会议。

坦桑尼亚出口以货物出口为主，且货物出口占比总体增大。2005 年，坦桑尼亚货物出口额和服务出口额分别为 17.03 亿美元、12.69 亿美元，货物出口占贸易出口的比重为 57.30%。2006—2008 年持续同比增加，2008 年分别是 31.21 亿美元、19.99 亿美元。但 2009 年总体减少，同比分别下降 2.81 亿美元、1.44 亿美元。自 2010 年起，服务出口额持续增加，2014 年达 33.92 亿美元。而货物出口额于 2012 年回升到 58.89 亿美元，2013 年、2014 年分别降至 45.58 亿美元、46.28 亿美元。2014 年货物出口占贸易出口总比重的 61.07%。2014—2018 年坦桑尼亚货物贸易出口额不断下降，自 2019 年开始转跌为增，进入复苏期。2022 年坦桑尼亚货物贸易出口总额为 76 亿美元，占贸易出口总比重的 61.48%。服务贸易方面，2014—2019 年坦桑尼亚服务贸易出口稳步增长，2020 年受疫情影响有所下滑，2021年起服务贸易强势回弹，服务贸易出口总额达31.18亿美元，同比增长42.77%。2022年坦桑尼亚服务贸易出口仍保持高速增长，服务贸易出口总额达到47.62亿美元，同比增长52.72%，为历史最高水平。货物出口对坦桑尼亚贸易出口的影响较大，增长不稳定，而服务贸易保持着较良好的增长态势。

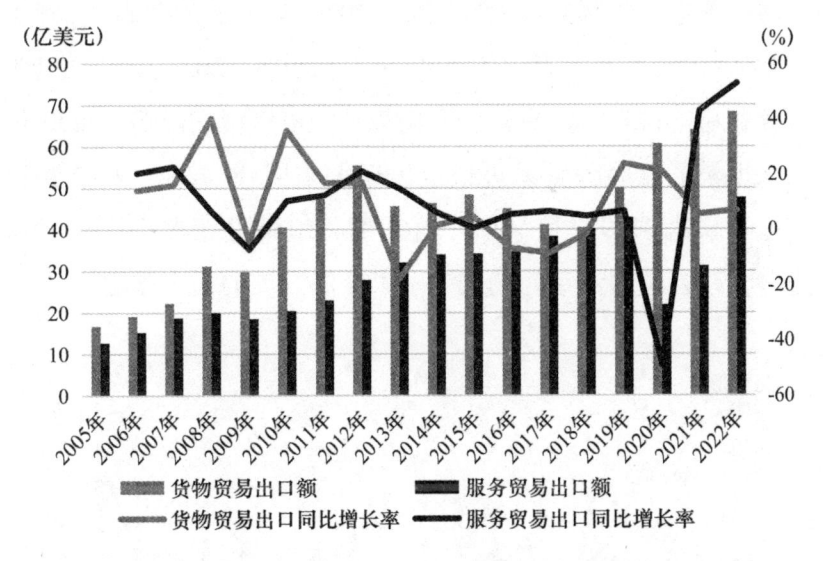

图3-3 2005—2022年坦桑尼亚贸易出口结构示意图

资料来源：世界银行数据库。

相比于出口，坦桑尼亚贸易进口额要大得多。但结构上一样，货物贸易占最大部分，且占总体进口额的平均比重高达79%。货物进口变化的总体趋势一致，2009年经历了一个萧条期，进口额同比2008年大幅下降。2005—2008年持续上升，货物进口额从2005年的29.98亿美元增至2008年的77.02亿美元，2009 年为 69.11 亿美元，2010—2013 年持续增长，增至 2013 年的 120.91 亿美元，2014 年货物进口额下降，为 119.93 亿美元，但占比仍高达 80.36%。服务进口额持续增长，从 2005 年的 12.07 亿美元增长至 2014 年的 26.69 亿美元。2014—2022 年间坦桑尼亚货物贸易进口波动较大，2014—2016 年货物贸易进口呈下降趋势，而后保持小幅增长。2020 年疫情过后坦桑尼亚货物进口大幅回弹，2022 年货物贸易进口总额达到 142.45 亿美元，同比增加 42.4%；2014—2020 年坦桑尼亚服务贸易进口总体呈平稳下降趋势。受疫情缓和影响，2020 年以来坦桑尼亚服务贸易进口也出现大幅回弹，2021 年和 2022 年增幅高达 21.9% 和 56%。这表明，坦桑尼亚严重依赖货物进口，改善贸易赤字问题仍是国家经济发展的一大难题。

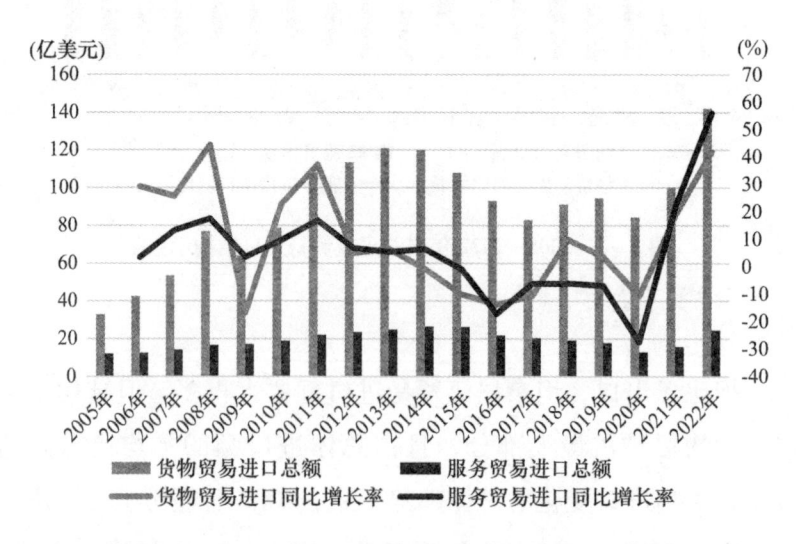

图 3-4　2005—2022 年坦桑尼亚贸易进口结构示意图

资料来源：世界银行数据库。

2）对外商品结构

A. 出口商品结构

坦桑尼亚对外贸易出口商品种类少，出口市场比较集中。坦桑尼亚出口商品主要分为两类：一类是从殖民时期就开始出口的传统出口商品，即七大类商品，包括咖啡、棉花、丁香、烟草、腰果、茶叶和剑麻；另一类则是矿产品、工业制成品和其他产品，为非传统出口商品。1985年以前，传统出口商品的出口收入一直占出口总额的70%以上，直至2000年单一的出口商品结构才得以改变，非传统出口商品出口在出口中占的比重持续增大，其中矿产出口成为出口收入重要组成部分。2018—2022年，矿产和工业制成品累计出口额占总出口额比重为49.17%和18.42%，在坦桑尼亚总出口中占据绝对比重。其中燃油出口占比不断增大，由2018年的41.97%上升至2022年的49.17%，几乎占据坦桑尼亚出口的半壁江山。

表3-7　2018—2022年坦桑尼亚出口主要商品类别

商品类别	2018年（万美元）	2019年（万美元）	2020年（万美元）	2021年（万美元）	2022年（万美元）	近5年累计（万美元）	占比（%）
咖啡	14835.79	15218.72	14520.83	15522.58	16115.92	76213.84	2.70
棉花	6919.05	9177.12	8754.59	8131.51	10338.44	43320.71	1.54
剑麻	1883.45	1926.53	1755.10	2017.76	2433.30	10016.14	0.36
茶叶	4648.36	4571.52	3242.14	3288.05	3002.04	18752.12	3.44
烟草	27346.93	14651.57	14870.71	12749.93	17852.36	87471.51	3.10
腰果	11083.64	35311.94	35955.33	15902.95	22693.61	120947.47	4.29
丁香	36.68	913.69	1707.92	5178.35	4211.99	12048.63	0.43

续表

商品类别	2018年（万美元）	2019年（万美元）	2020年（万美元）	2021年（万美元）	2022年（万美元）	近5年累计（万美元）	占比（%）
矿物燃料	163804.71	233270.06	337498.43	311636.34	339525.43	1385734.96	49.17
工业制成品	82295.40	84578.74	90270.91	120002.29	141915.56	519062.90	18.42
其他	77392.85	100756.14	97557.54	144656.59	124396.02	544759.14	19.33
出口总额	390246.88	500376.02	606133.52	639086.34	682484.66	2818327.42	100.00

资料来源：坦桑尼亚中央银行。

B. 进口商品结构

坦桑尼亚进口商品结构较为稳定，主要包括三大类，即资本品、中间品和消费品。资本品主要包括运输设备、建筑用品和机械设备；中间品主要包括石油、肥料以及工业原材料；消费品主要分为食品和其他消费品。坦桑尼亚2018—2022年累计进口比重最大的商品为石油、机械装备、建筑用品以及运输设备，比重分别为21.02%、17.16%、10.99%、10.83%。由于近年来坦桑尼亚重视发展采矿业和制造业，燃料进口从2018年的16.52亿美元快速上升至2022年的35.53亿美元，用于工业建设的资本品进口也不断增加。

表3-8　2018—2022年坦桑尼亚进口主要商品类别

商品类别	2018年（万美元）	2019年（万美元）	2020年（万美元）	2021年（万美元）	2022年（万美元）	近5年累计（万美元）	占比（%）
运输设备	120753.42	98930.57	73806.06	97042.54	142043.60	532576.19	10.83
建筑用品	86838.10	99619.71	92546.47	115899.33	145511.09	540420.00	10.99
机械装备	142854.64	153571.92	147526.67	170657.75	229192.49	843800.00	17.16

续表

商品类别	2018年（万美元）	2019年（万美元）	2020年（万美元）	2021年（万美元）	2022年（万美元）	近5年累计（万美元）	占比（%）
燃料	165171.44	178583.83	128272.43	208439.61	353263.21	1033730.52	21.02
肥料	18059.76	12934.65	18768.25	18939.58	50089.66	118790.00	2.42
工业原材料	78902.98	75166.87	75938.76	97669.94	106858.23	434540.00	8.84
食品	47596.59	43193.96	42041.77	50092.78	73550.97	256470.00	5.22
其他消费品	191571.26	199296.37	204050.38	241376.36	320143.22	1156440.00	23.52
进口总额	851744.86	861294.40	782958.49	1000122.15	1420646.82	4916766.71	100.00

资料来源：坦桑尼亚中央银行。

C. 对外开放度与进出口依存度

对外开放度，即对外贸易依存度，是反映一个地区的对外贸易活动对该地区经济发展的影响和依赖程度的经济分析指标，是指一定时期内一个国家或地区对外贸易总额占该国国内生产总值的比重，它是反映一国与国际市场联系程度的标尺。

坦桑尼亚是一个对外经济开放程度较高的国家。2005年，坦桑尼亚的对外开放度为38.99%，2006—2008年持续上升，2009年下滑至43.64%，此后再次上升，在2011年升至最高水平55.79%，2012—2014年下降，但也保持在44%以上。坦桑尼亚的对外开放程度已达到发达国家水平，对国际市场高度依赖，受世界经济环境的制约较大，国际市场的波动容易影响本国经济，具有一定的风险性。

对外贸易依存度根据贸易的出口和进口分为出口依存度（出口总额占国内生产总值的百分比）和进口依存度（进口总额占国内生产总值的百分比）两个方面。它们是衡量一国一定

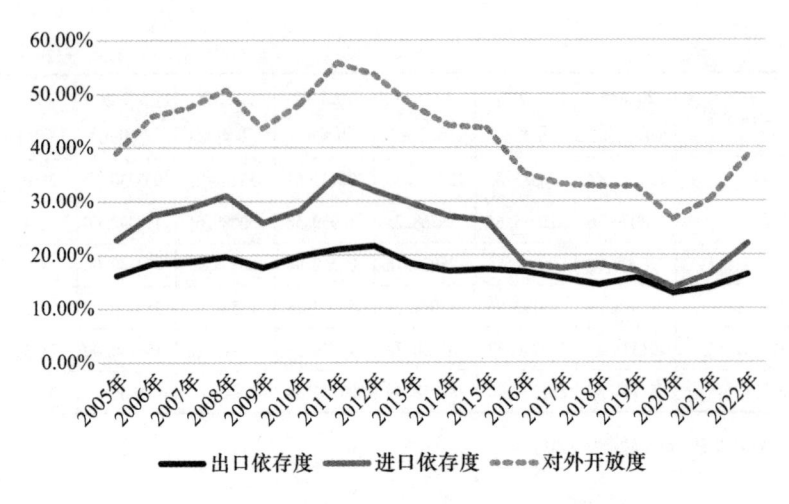

图 3-5　2005—2022 年坦桑尼亚对外开放度与进出口依存度

资料来源：联合国贸易和发展会议。

时期内对外贸易依存度的两个重要指标。

坦桑尼亚对经济的进口依存度高于出口依存度，且进口依存度的波动整体上比出口依存度大。坦桑尼亚国民经济严重依赖进口。2005—2008 年，坦桑尼亚进口依存度持续上升，2008 年突破 30%，2009 年受国际金融危机影响下降至 25.98%，2010 年上升，2011 年、2012 年分别高达 34.73%、31.97%，2013—2014 年下降，2014 年为 27.15%。出口依存度在 2005—2012 年平稳上升，2012 年达到最高的 21.66%，2013—2014 年回落。2014—2020 年，坦桑尼亚进出口依存度均呈总体下降趋势，2020 年后急需恢复受疫情影响的经济，进出口都有大幅回升，2022 年坦桑尼亚对外开放度达到了 2015 年以来的最高水平。总体上看，坦桑尼亚进出口依存度差距加大，调整对外贸易赤字问题是当务之急。

表3-9　2005—2022年坦桑尼亚对外开放度及进出口依存度

时间	出口依存度	进口依存度	对外开放度
2005年	16.14%	22.85%	38.99%
2006年	18.44%	27.42%	45.86%
2007年	18.75%	28.73%	47.48%
2008年	19.67%	31.02%	50.69%
2009年	17.66%	25.98%	43.64%
2010年	19.82%	28.28%	48.10%
2011年	21.06%	34.73%	55.79%
2012年	21.66%	31.97%	53.63%
2013年	18.39%	29.59%	47.98%
2014年	17.00%	27.15%	44.15%
2015年	17.33%	26.32%	43.65%
2016年	16.87%	18.31%	35.18%
2017年	15.64%	17.52%	33.16%
2018年	14.41%	18.31%	32.72%
2019年	15.70%	17.04%	32.74%
2020年	12.84%	13.81%	26.65%
2021年	13.90%	16.39%	30.29%
2022年	16.33%	22.06%	38.39%

资料来源：联合国贸易和发展会议。

贸易条件改善，是指进出口时期与基期相比较交换比价上升，即同等数量的出口商品能换回比基期更多的进口商品；反之称为贸易条件恶化。2005—2016年，坦桑尼亚贸易条件整体改善，在2016年达到最大值12931.6亿先令，2013年、2014年分别为-418.98亿先令和-3317.19亿先令。2016年达到最大值后，贸易条件陷入恶化，2017年下降至-1191.86亿先令，但随后迎来大幅反弹，2018年坦桑尼亚贸易条件改善为29221.1亿先令，达到历史最高水平。贸易条件恶化与坦桑尼亚巨大的贸易逆差有着密切关系。

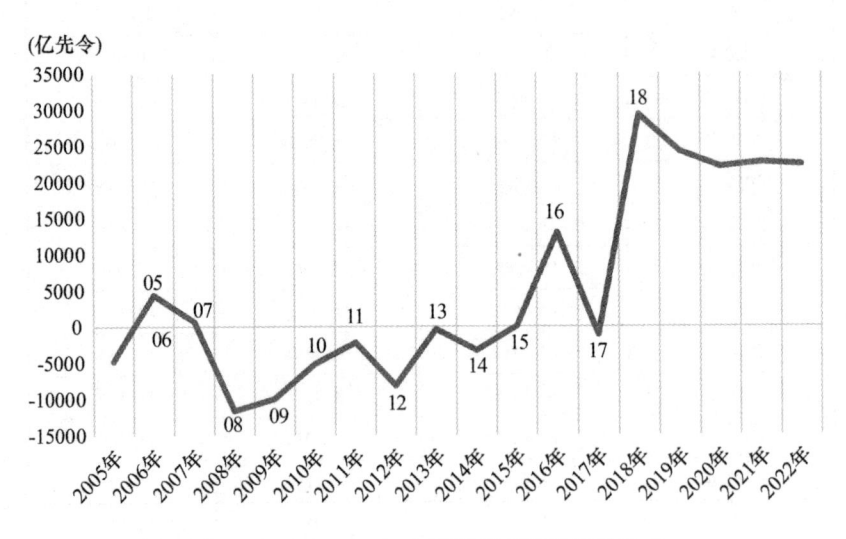

图3-6　2005—2022年坦桑尼亚贸易条件效应

资料来源：世界银行数据库。

2. 坦桑尼亚对外贸易体制与政策

（1）贸易主管部门

坦桑尼亚主管贸易的政府部门是坦桑尼亚工业、贸易和市场部。该部负责监督和确保坦桑尼亚经济从农业向半工业化转变，监督执行国家贸易政策、中小企业和可持续工业发展政策。其下设的各类独立的贸易和工业支持机构作为各行业政策和战略的实施部门，其中有坦桑尼亚对外贸易发展局、经济教育学院、坦桑尼亚标准局、坦桑尼亚版权管理局、竞争委员会、公平竞争法庭、坦桑尼亚贸易中心（伦敦）、坦桑尼亚贸易中心（迪拜）。

（2）贸易法律体系

坦桑尼亚在贸易方面的主要法律有《对外贸易法》《海关管理法》《东非共同体关税管理法》《合同法》《竞争法》《专利权法》《外汇法》《破产法》等。

（3）贸易管理的相关规定

1）进出口贸易经营者和商品进出口许可

在坦桑尼亚，任何在当地合法注册取得商业经营执照的个人均可以同时申请进出口执照，独立从事进出口贸易。对于经营某些特定货物的进出口公司，如烟酒、药品、石油、军火和爆炸品以及矿产、林产和野生动物等，还需要在指定的管理部门进行登记并获得特定的营业许可。

从事进出口贸易的公司每做一笔贸易都必须在自己开户的经营外汇业务的银行办理货物的进出口申请表。该表内容包括编号、开户银行名称、货物名称、货物产地以及装运港口、数量和金额等项。对于从事一般货物贸易的申请表，由开户银行转报坦桑尼亚海关、中央银行外汇管制等部门，并用作收汇和汇兑的凭证。在通常情况下，普通货物的进出口申请均能够得到自动批准。

凡从事在坦桑尼亚政府规定的特定商品范围之内的货物进出口业务的公司，除本身要求有经营这种货物的营业许可之外，每从事一笔这种货物的进出口业务，也都要到相应的管理部门进行单独申请，并凭批准证书在海关报关放行。

对于坦桑尼亚标准局规定有质量标准限制的货物，则必须在该商品出关前取得坦桑尼亚标准局的质量认证，如果没有质量认证将无法进口。

2）市场准入与贸易壁垒

坦桑尼亚的市场开放程度和贸易自由化程度相对较高。不同国家的商人进入坦桑尼亚进行贸易或投资活动，并无国别歧视。不同国家的商品进入坦桑尼亚，除按照规定关税税率有所不同，其他方面的规定也无差别。坦桑尼亚对出口产品和出口企业的优惠政策也比较少。在财政支出中，也不存在出口产品补贴。

外国个人在坦桑尼亚注册设立公司后，才可在当地进行经贸活动。坦桑尼亚政府规定，允许自有资金在30万美元以上的企业在坦桑尼亚设立独资企业。所有企业一经设立即享有国民待遇，与本国公民所开办企业的权利和义务相同。包括银行和新闻媒体在内的绝大多数行业都允许外国投资经营。只有旅游业和矿业企业要求坦桑尼亚公民至少占有25%的股份。按照坦桑尼亚的法律，所有可以从事商业活动的公司，都可以从事进出口贸易。

在进口方面，坦桑尼亚所规定的管制条款相对较少。除去国际公约规定的涉及安全、卫生和环保等要求各国加强管制的商品以外，其他商品一般不设进口许可证限制。在技术和质量方面，自2012年2月1日起，坦桑尼亚标准局实施装船前认证制度，旨在保护货物的质量和保护消费者的健康、安全。产品合格证书是货物在海关清关时所需文件。每批货物如果属于坦桑尼亚所列管制产品附录的商品，则应当在装运前进行现场检验，以确认产品符合坦桑尼亚相关技术法规和认可标准。除坦桑尼亚国家标准局设有质量检查标准，规定进口前必须经过指定检验程序检验合格的以外，其他进口产品经坦桑尼亚政府指定的国际商检公司检验以后，就可以进口。很多在其他国家受到限制的进口货物，如旧设备、旧汽车、旧电器、旧服装和旧鞋等，在坦桑尼亚也允许进口。

出口产品中涉及环境保护的商品，在坦桑尼亚是限制出口的。木材、矿产的出口需要出口许可证并在出口前应缴纳规定的税费。国际规定的保护动物或者这些动物的制品的贸易被限制或者禁止出口。

（4）海关管理规章制度

坦桑尼亚海关全称为坦桑尼亚税务局关税与消费税部，隶属于税务局，与征收增值税、收入税以及其他税收部门并立。

坦桑尼亚海关对进口货物按照已公布的税率表征税，出口货物一般不设关税。在征收关税的同时，也征收增值税和涉及的消费税。因此，经过海关征税的商品，一经提出便可直接进入市场销售和流通。海关的增值税发票可作为抵扣增值税和计算企业所得税的依据。坦桑尼亚海关依据财政部的批示生产设备的进口增值税实行缓征。当设备投入生产后，再由增值税征收部门从产品应收的增值税中逐步扣除。

坦桑尼亚在港口设有保税区，进口货物在报关进口之前，可以存放于港口保税区。货物在报关前如果继续转运至其他国家，则只收取保存费，不征收关税。如果报关进口后又申请再出口，海关只退增值税，不退关税。对于进口用于最终以出口为目的的生产用品和出售给在坦桑尼亚的外国机构的货物，可申请进口退税。

表3-10 坦桑尼亚主要商品进口关税税率

商品名称	税率
原材料、药品和资本货品	0
半加工工业产品	10%
半加工生活用品	25%
最终消费品或成品	35%

资料来源：坦桑尼亚海关。

3. 对外贸易关系合作机制与平台

（1）贸易合作平台

坦桑尼亚是国际合作的积极参与者，独立后加入了众多全球性经济组织和区域性经济组织，其中有世界贸易组织、东非共同体、南部非洲发展共同体和环印度洋地区合作联盟等。

1995年1月1日，坦桑尼亚加入世界贸易组织。

1967年，坦桑尼亚、肯尼亚和乌干达三国首次成立东非共同体，旨在加强成员国在经济、社会、文化、政治、科技、外交等领域的合作，协调产业发展战略，共同建设基础设施，实现成员国经济和社会可持续发展，逐步建立关税同盟、共同市场、货币联盟，并最终实现政治联盟，后因成员国间政治分歧和经济摩擦加剧于1977年解体。1993年11月，坦桑尼亚、肯尼亚、乌干达三国开始恢复合作关系。1996年3月14日，三国成立东非合作委员会秘书处。1999年11月30日，坦桑尼亚、肯尼亚、乌干达三国总统签署《东非共同体条约》，决定恢复东非共同体。2001年1月，三国举行东非共同体正式成立仪式。2001年11月，东非议会和东非法院成立。2005年1月，三国成立关税同盟。2007年6月18日，布隆迪与卢旺达两国正式加入东非共同体。2016年4月15日，南苏丹正式加入东非共同体，成为该组织第六个成员国。

南部非洲发展共同体是区域性经济组织，成员包括坦桑尼亚、安哥拉、博茨瓦纳、津巴布韦等16个国家，旨在平等、互利和均衡的基础上建立开放型经济，打破关税壁垒，促进相互贸易和投资，实行人员、货物和劳务的自由往来，逐步统一关税和货币，最终实现地区经济一体化。其前身是1980年成立的南部非洲发展协调会议。1992年8月17日，南部非洲发展协调会议成员国首脑在纳米比亚首都温得和克举行会议，签署了有关建立南部非洲发展共同体的条约、宣言和议定书，决定改南部非洲发展协调会议为南部非洲发展共同体，朝着地区经济一体化方向前进。

环印度洋地区合作联盟是环印度洋地区唯一的经济合作组织，地跨亚洲、非洲和大洋洲，拥有丰富的自然资源、广阔的市场和便利的交通。联盟成员国面积总和占世界陆地总面积的17%，人口近20亿，约占世界人口总数的31%，国内生产总值占世界国内生产总值的7%，贸易总额占世界贸易总额的10%。坦桑尼亚是环印度洋地区合作联盟的成员国之一。

（2）主要贸易伙伴

坦桑尼亚与非洲、欧洲、美洲、亚洲和大洋洲的168个国家有贸易往来，其主要贸易伙伴包括欧盟、南部非洲发展共同体、东非共同体和其他非洲国家。

在坦桑尼亚的主要贸易伙伴中，前十大贸易伙伴为南非、中国、印度、瑞士、日本、肯尼亚、阿拉伯联合酋长国、美国、英国、新加坡。前十大出口目的地分别为南非、中国、印度、瑞士、刚果（金）、肯尼亚、日本、德国、赞比亚、比利时；前十大进口来源国分别为印度、瑞士、中国、阿拉伯联合酋长国、南非、日本、肯尼亚、英国、美国、沙特阿拉伯。

坦桑尼亚商品进口的地区结构不断改善。2005年，坦桑尼亚进口商品的59%来自高收入地区经济体，对外贸易依赖性大。2006—2013年，坦桑尼亚进口商品来源逐渐多元化，从高收入地区经济体的进口商品占其进口商品总额的比重呈下降趋势。从高收入地区经济体进口的商品在经历了2012—2014年间的不断下降后，于2015年迎来反弹。2015年坦桑尼亚进口的商品中有66%来自于高收入地区经济体，创历史新高。从地区细分角度看，从东亚和太平洋地区发展中经济体进口的比重不断上升，2020年达到29.6%，为历史最高。从阿拉伯地区发展中经济体进口的商品波动较大，2015年达到47.2%的峰值后便迅速回落，但仍然占较大比重。从南亚、撒哈拉以南非洲等地区发展中经济体进口的商品均占据一定比重，且总体变化较为平稳。坦桑尼亚近年来商品进口地区不断多元化，商品进口市场结构变化使坦桑尼亚进口风险减少，丰富了进口商品结构。

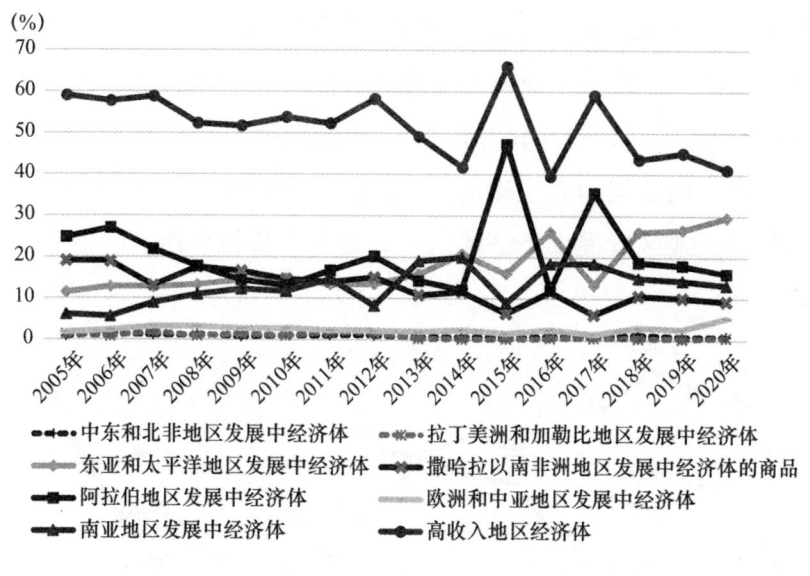

图3-7　2005—2020年坦桑尼亚从各地区进口商品额占进口总额的比重

资料来源：世界银行数据库。

坦桑尼亚出口商品的地区结构存在失衡问题，但也在不断改善。2005年，坦桑尼亚向高收入地区经济体出口最多，比重接近50%，其次分别是撒哈拉以南非洲地区发展中经济体、东亚和太平洋地区发展中经济体、南亚地区发展中经济体、阿拉伯地区发展中经济体。欧洲和中亚地区发展中经济体、中东和北非地区发展中经济体、拉丁美洲和加勒比地区发展中经济体占比重小。2006—2013年，商品出口地区结构发生变化，2012年前坦桑尼亚商品出口比重最大的区域是高收入地区经济体，但呈不断下降趋势，2013年向撒哈拉以南非洲地区发展中经济体出口比重首次超过高收入地区，并保持在40%左右。2014—2020年间，坦桑尼亚向高收入地区经济体出口比重有所回升，2020年对高收入地区经济体出口比重达到41.23%，为2014年后最高点。坦桑尼亚对南亚地区发展中位经济体出口占比自2011年起不断上升，于2017年达到最高值24.1%，此后便不断下降。向东亚和太平洋地区、欧洲和中亚地区以及拉丁美洲和加勒比地区发展中经济体出口总体变化较为平稳。

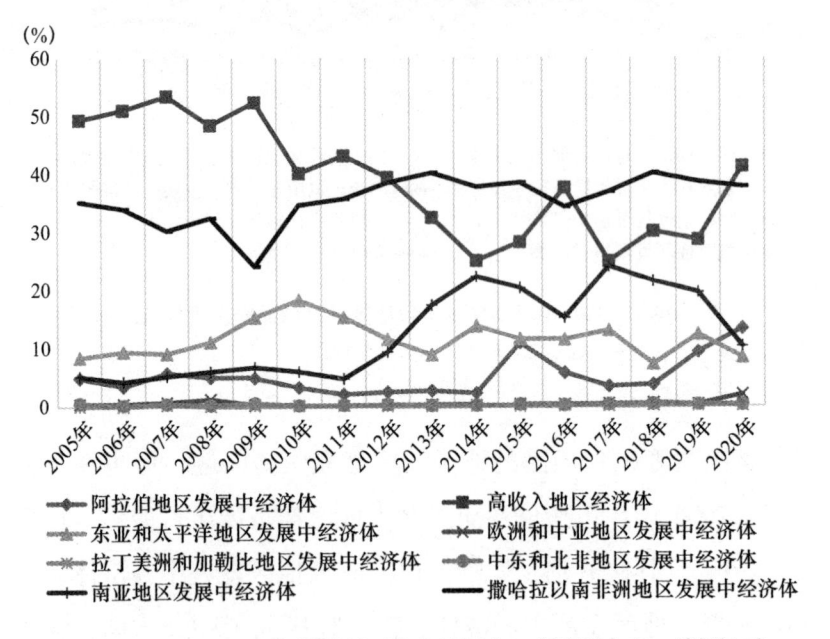

图 3-8　2005—2020年坦桑尼亚向各地区出口商品额占出口总额比重
资料来源：世界银行数据库。

进出口市场份额的变化、结构调整使坦桑尼亚对外经济合作更加多元化，抗风险能力增强，有利于对外贸易的健康发展。

4. 坦桑尼亚外汇管理与外汇储备

（1）外汇管理

坦桑尼亚虽然实行外汇管制，但政策较为宽松，金融管理部门对外汇兑换业务持开放态度，外汇兑换相对简便，大多数银行都可以从事本国货币（先令）的外汇业务，其外汇汇率指导价格由银行间外汇交易市场决定；在所有大城市都可看见私人开办的各类货币兑换所。所有从事进出口业务的公司都可以凭有效合同从自己的开户银行兑进或兑出外汇，只须事先登记而无须专门批准。所有外汇和国内货币在坦桑尼亚国内银行间都可以自由划转。坦桑尼亚的外汇市场由批发市场和零售市场组成。坦桑尼亚通行的外汇主要是美元和英镑，其他还包括欧元等。由于同处东非共同体，坦桑尼亚的先令与肯尼亚、乌干达的先令也实现了自由兑换，坦桑尼亚的银行还可以以这两国货币的形式发放贷款。

坦桑尼亚目前经常项目下的外汇可实现自由兑换。政府已经接受了国际货币基金组织第八条款的义务，以刺激外国投资者来本国投资。对于大宗贸易，相关贸易公司只要向银行递交申请并获得批准，就可以在结算时凭单据按当时市场价格兑换和汇出美元。针对投资或工程承包项目，坦桑尼亚政府保证可以通过经批准的商业银行无条件地自由兑换货币和汇出以下项目：投资和经营所得的净利润和红利；获得外国贷款所发生的费用；按照投资法登记的技术转让协议所发生的版税和费用；经营企业出售或清算所得的汇款（除去全部税收和其他债务之外的净收入）或投资所得的利息；坦桑尼亚企业外籍人士的报酬和其他津贴，在缴纳所得税后的合法收入。另外，利润汇出不用缴税。

（2）汇率与外汇储备

1）汇率

2000—2021 年，坦桑尼亚国内生产总值高速稳定增长，已经成为东非地区吸引外资最多的国家。在经济快速发展的同时，坦桑尼亚官方汇率相对稳定，持续小幅贬值。2000—2006 年，坦桑尼亚先令温和贬值，平均贬值率为 7.38%。2007 年、2008 年，全球经济环境大改善，坦桑尼亚经济快速发展，坦桑尼亚先令小幅升值。2009—2011 年，坦桑尼亚官方汇率继续小幅贬值，2014 年后官方汇率有所上升，自 2016 年起趋于平稳。

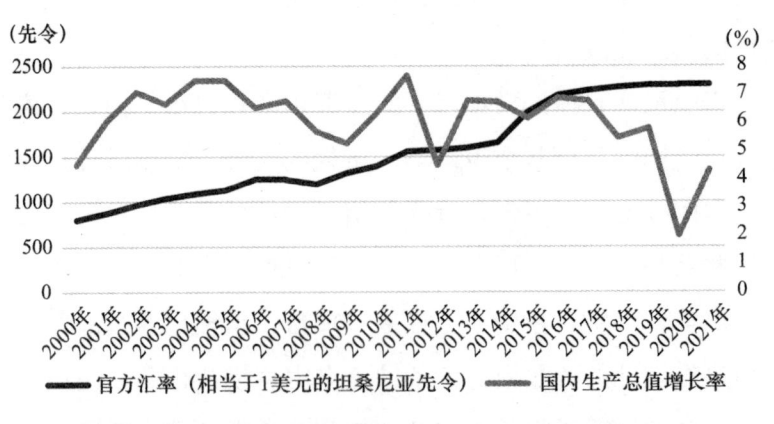

图 3-9　2000—2021 年坦桑尼亚国内生产总值增长率与官方汇率

资料来源：世界银行数据库。

2）总储备

总储备包括持有的货币黄金、特别提款权、国际货币基金组织持有的其成员国的储备以及在货币当局控制下的外汇资产。

坦桑尼亚国家总储备（包括黄金）数十年来总体呈稳步增长态势。2000年，坦桑尼亚外汇总储备为9.95亿美元，2001年达到11.77亿美元，2017年外汇储备达到58.88亿美元。2000—2003年，坦桑尼亚外汇储备增长速度快，2002年增长速度达62.87%，为历史最高位。2004—2015年，外汇储备增长放缓。2005年、2008年、2011年、2014年、2015年、2018年国家总储备的同比增长率为负数。

表3-11 坦桑尼亚国家总储备

年份	总储备（亿美元）	年份	总储备（亿美元）
2000年	9.95	2010年	39.05
2001年	11.77	2011年	37.26
2002年	15.55	2012年	40.52
2003年	20.38	2013年	46.74
2004年	22.96	2014年	43.90
2005年	20.49	2015年	40.81
2006年	22.59	2016年	43.51
2007年	28.86	2017年	58.88
2008年	28.63	2018年	50.50
2009年	34.70		

资料来源：世界银行数据库。

（二）坦桑尼亚对外贸易关系

坦桑尼亚曾是著名的"前线国家"，为非洲大陆的政治解放作出过重大贡献。奉行不结盟和睦邻友好的外交政策，主张在互不干涉内政和相互尊重主权的基础上与各国发展友好合作关系。近年务实倾向增强，强调以经济利益为核心，发展同所有捐助国、国际组织和跨国公司的关系，谋求更多外援、外资；重点营造睦邻友好环境，全力促进区域经济合作，积极参与调解与其利益相关的地区问题；重视与亚洲国家关系，学习和借鉴亚洲国家的发展经验；还是联合国、不结盟运动、英联邦、非洲联盟、东非共同体、南部非洲发展共同体及环印度洋地区合作联盟等组织的成员国。截至2019年，坦桑尼亚同127个国家建有外交关系。

1. 坦桑尼亚与美国的关系

坦桑尼亚与美国于1961年建交。近年来，两国关系持续改善。美国重视坦桑尼亚地区大国的作用和发展潜力，支持其经济改革，是坦桑尼亚主要投资和援助国之一，还免除了坦美双边债务。2008年2月，美国总统布什访坦，宣布美国会在5年内向坦桑尼亚提供6.98亿美元援助，帮助坦桑尼亚改善道路、供电及供水等基础设施建设。这是美国"千年挑战账户"设立以来向单个国家提供的最大一笔经济援助。坦桑尼亚反对美国在非洲建立美军司令部。2009年5月，基奎特总统访问美国，美国总统奥巴马与其会见，基奎特成为奥巴马就任美国总统后会见的首位非洲国家元首。2011 年 6 月，美国国务卿希拉里访坦，承诺向坦桑尼亚提供总计 1 亿美元的援助，用于坦桑尼亚农业发展和粮食安全以及应对艾滋病等项目。2010 年 11 月，桑给巴尔民族团结政府成立后，奥巴马总统致函基奎特和谢因表示祝贺。2011 年，美军非洲司令部司令斯科特·米库、国务卿希拉里相继访坦，并承诺向坦桑尼亚提供 1 亿美元援助。2012 年 5 月，基奎特总统赴美进行工作访问。2013 年 7 月，美国总统奥巴马对坦桑尼亚进行国事访问。2014 年美国总统奥巴马专门致电基奎特总统祝贺坦桑尼亚大陆独立 50 周年。2023 年 3 月，美国副总统卡马拉·哈里斯访问坦桑尼亚并承诺将加强对坦桑尼亚的贸易和投资。

2. 坦桑尼亚与英国的关系

坦桑尼亚与英国关系密切。英国是坦桑尼亚主要贸易伙伴和援助国，每年援助额约 8000 万美元。英国免除了坦桑尼亚所欠全部债务，积极支持国际货币基金组织和世界银行等国际金融机构减免坦桑尼亚的债务。2014 年 11 月，英国查尔斯王子访坦。2023 年 7 月，英国高级专员公署启动了一项新的英国国际妇女和女童战略，以在教育和卫生部门为坦桑尼亚妇女和女童提供支持。

3. 坦桑尼亚与肯尼亚的关系

坦桑尼亚主流媒体《每日新闻》2018 年 12 月 2 日报道，坦桑尼亚总统马古富力和肯尼亚总统肯雅塔于 12 月 1 日出席了纳曼加边境站启用仪式。马古富力总统在讲话中表示，肯尼亚是坦桑尼亚前十大投资来源国之一，该边境站的启用进一步加强了坦肯两国间的经济联系，也是区域一体化进程中的重要里程碑。边境站能使坦肯之间的过境通关时间缩短至 15 分钟之内，将极大促进两国人员和经贸往来。他希望边境站工作人员要致力于消除双边贸易中的非关税壁垒，杜绝为双边经贸往来人为设置障碍。

4. 坦桑尼亚与其他非洲国家的关系

在地区事务中，坦桑尼亚奉行"广交友、不树敌、促和平、谋发展"政策。重视与周边邻国发展友好关系，同肯尼亚、乌干达、埃塞俄比亚等国关系密切。重视在地区事务中发挥影响，致力于维护地区和平与稳定。大力斡旋科摩罗国内政治危机，关注索马里和平进程，为非洲联盟驻索马里维和部队提供培训，参与调解布隆迪问题。向苏丹达尔富尔地区派遣维和部队。2012 年 2 月，基奎特总统赴英出席索马里问题国际会议。2023 年 3 月，哈桑总统访问南非并与南非总统拉马福萨展开会晤，两国均表示要加强作为南部非洲发展共同体成员国之间的双边政治和经济关系。

5. 坦桑尼亚与中国的关系

中国是坦桑尼亚的主要贸易伙伴和援助国。建交以来，中坦关系长期健康稳定，经济合作和双边贸易迅速发展。目前，中国已成为坦桑尼亚第一大贸易合作伙伴，与坦桑尼亚建立了较为完善的贸易合作机制,贸易发展空间巨大。

(1) 中坦贸易格局

坦桑尼亚与中国一直保持着友好的经济合作关系。近年来,中国是坦桑尼亚最大的贸易伙伴,坦桑尼亚是中国最具潜力的贸易伙伴之一,中坦双边贸易迅速发展。据中国海关统计,2016年中坦双边贸易总额为38.8亿美元,中国向坦桑尼亚出口和进口总额分别为35.6亿美元和3.2亿美元。2017年双方贸易总额有所下降,但中国从坦桑尼亚进口额有所增加。2018—2021年中坦双边贸易往来更加频繁,贸易总额、进出口额均连年增长,2021年中坦贸易总额为67.4亿美元,同比增长47.1%;向坦桑尼亚出口61.4亿美元,同比增长47.1%;从坦桑尼亚进口6.06亿美元,同比增长47.3%。

表3-12 2016—2021年中坦双边贸易

年份	贸易总额(亿美元)	同比增幅(%)	中国出口(亿美元)	同比增幅(%)	中国进口(亿美元)	同比增幅(%)
2016年	38.8	-16.7	35.6	-16.7	3.2	-16.2
2017年	34.52	-11.1	31.19	-12.6	3.33	5.5
2018年	39.76	15.2	35.83	14.9	3.93	17.9
2019年	41.79	5.1	38.11	6.4	3.67	-6.1
2020年	45.84	9.9	41.75	9.5	4.1	13.7
2021年	67.44	47.1	61.39	47.1	6.06	47.3

资料来源:中国海关总署。

近年来,中国对坦桑尼亚出口商品主要类别包括:手机、小电器等电子家电产品,机械器具及零件,汽车配件,建筑材料、鞋靴、服装等日用百货。

中国从坦桑尼亚进口商品主要类别包括：矿产品，芝麻、腰果、棉花等农产品，渔类产品，香料及其制品，生皮（毛皮除外）及皮革等。

自2010年7月1日起，中国给予包括坦桑尼亚在内的部分非洲国家60%输华产品免关税待遇，主要涉及坦桑尼亚的水产品、未加工或初加工的农产品、药材、石材石料、矿产品、皮革、纺织品、服装制成品、轻工产品、机电产品和木制家具等10多个大类。据中国海关统计数据，2010年7月至2011年7月，坦桑尼亚享受免税待遇商品总值为5500万美元。据坦桑尼亚工农商会数据，2012年1月至10月，共发放原产地证书906份。2014年起，中国已单方面给予坦桑尼亚97%的产品进口免税待遇。2022年，坦桑尼亚总统哈桑对中国进行国事访问，为进一步推动两国关系发展，促进各领域合作，两国元首宣布将双方关系提升为全面战略合作伙伴关系。

（2）中坦双边贸易的现状与前景

1）中坦经济贸易发展进程

中国于1961年12月9日与坦噶尼喀建交，1963年12月11日与桑给巴尔建交。坦噶尼喀、桑给巴尔联合后，中国自然延续了与坦桑尼亚的外交关系，将1964年4月26日定为与坦桑尼亚联合共和国建交日。建交以来，中坦关系长期健康稳定发展。

中国从1964年开始向坦桑尼亚提供各种援助，主要援建项目有坦赞铁路、友谊纺织厂、姆巴拉利农场、基畏那煤矿和马宏达糖厂等。中坦互利合作始于1981年，截至2024年7月，共有40多家公司在坦桑尼亚开展劳务承包业务。2012年，双边贸易额为24.7亿美元，同比增长15.2%，其中中国出口20.9亿美元，进口3.8亿美元。中方主要出口机器设备、车辆、日用品等，主要进口木材、剑麻纤维、生牛皮和海产品等。2011年11月，中国政府经贸代表团访坦，并与坦桑尼亚召开两国经济、技术和贸易合作联合委员会第四次会议，双方签署经济技术合作协定。2012年3月，中国政府经贸代表团访坦，双方签署两国经济技术合作协定。2012年9月，国务院副总理回良玉访坦，双方签署了农业、能源、基础设施建设等多个领域合作文件。

近年来，两国高层交往密切。2013年3月，习近平主席就任国家主席后首次访问非洲，并首站对坦桑尼亚进行国事访问，其间与基奎特总统举行会谈，会见桑给巴尔总统谢因和坦桑尼亚前总统姆卡帕，在尼雷尔国际会议中心发表《永远做可靠朋友和真诚伙伴》的重要演讲，向中国援坦专家公墓献花圈。2013年10月，坦桑尼亚总理平达访华，共签署了12项双边协议，涉及能源、输变电、出口工业区、房地产和科技等领域。桑给巴尔总统谢因于2013年5月27日至6月2日对中国进行工作访问，代表桑给巴政府和中国政府签署了包括卫生、海洋、信息技术、通信领域四个方面的发展协议及培训协议。2014年6月21日至26日，李源潮副主席应坦桑尼亚副总统比拉勒邀请访问坦桑尼亚。此访是继2013年3月习近平主席访坦后中国国家领导人对坦桑尼亚的又一次重要访问，也是庆祝中坦建交50周年的一项重要活动。2014年10月21日至26日，坦桑尼亚总统基奎特应中国国家主席习近平邀请对中国进行国事访问。两国元首一致同意，继往开来，携手推动中坦互利共赢的全面合作伙伴关系发展。2015年5月，坦桑尼亚副总统比拉勒来华出席中国中部投资贸易博览会并访华。

坦桑尼亚是中国在非洲的最大受援国。中坦合资合作始于20世纪60年代，21世纪前后发展较快，其中坦中合资友谊纺织有限公司是在中方援建的友谊纺织厂基础上，由中方政府提供优惠贴息贷款，双方合资经营的项目，成为中坦在新形势下开展互利合作的成功范例。进入21世纪，中国与坦桑尼亚的空运进出口货物由埃塞俄比亚航空公司承运，而自从埃塞俄比亚航空公司签署北京泛源国际运输服务有限公司为核心代理后，中国出口坦桑尼亚货物与日俱增。2007年上半年双边贸易额3.52亿美元，同比增长44.1%，其中中国出口额2.31亿美元，进口额1.21亿美元。中方对坦主要出口粮食、车辆、纺织品、轻工产品、化工产品、机械设备、电器、钢材等，从坦桑尼亚进口干制海产品、生皮革、原木、粗铜和木质工艺品等。

2013年3月习近平主席成功访坦和2014年10月基奎特总统的成功访华，将中坦政治和经贸关系发展推向新阶段。随着巴加莫约港、天然气发电、输变电、煤铁电一体化及天然气输气管道等一大批大型项目的开竣工，中坦经贸合作将迎来新一轮快速发展时期。

2016年6月，坦桑尼亚中央银行宣布将人民币纳入外汇储备币种，占外汇储备的5%，极大推动了双方贸易与投资合作。2017年10月17日坦桑尼亚《每日新闻》报道，第六届中国－坦桑尼亚贸易论坛举行，两国共有300多名商业人士出席。中国驻坦桑尼亚前大使受邀出席论坛并讲话。坦桑尼亚驻华大使凯鲁基在会上表示，坦方应充分抓住中国经济发展带来的重要机遇，为世界第二大经济体提供其急需的产品，扩大对华出口。他还指出，中国成立了中非发展基金，为包括坦桑尼亚在内的非洲国家发展提供资金支持，希望坦桑尼亚人民抓住机会，实现自身发展。

据新华社报道，2020年12月，习近平主席同坦桑尼亚总统马古富力通电话并祝贺马古富力连任总统。习近平主席指出，中坦传统友谊是两国老一辈领导人亲手缔造的。中方始终从战略高度和长远角度看待和发展中坦关系。中方支持更多中国企业赴坦桑尼亚投资，扩大在基础设施建设、资源开发、农业、制造业等领域的合作。中方愿同坦方深入对接两国发展战略，共同推进落实中非合作论坛北京峰会和中非团结抗疫特别峰会成果，加强共建"一带一路"，推动中坦全面合作伙伴关系不断走深走实，为构建中非命运共同体作出贡献。

据新华社报道，2021年5月13日，中国和坦桑尼亚在达累斯萨拉姆签署中坦经济技术合作协定。根据协定，中方将向坦桑尼亚提供新的无偿援助资金，用于双方商定的援助项目建设。中国驻坦桑尼亚大使在签字仪式上致辞表示，中方一直视坦桑尼亚为全天候的好朋友、好伙伴。两国建交57年来，中国援建了坦赞铁路等众多经济社会发展项目。中方愿继续秉持真实亲诚理念，深化中坦战略对接与合作。坦桑尼亚财政计划部常务秘书埃马纽埃尔·图图巴在讲话中表示，感谢中国政府对坦桑尼亚各类发展项目的支持。坦方将继续加强坦中友好关系，造福两国人民。同时，坦桑尼亚政府将采取一切必要措施，确保双方商定的援助项目成功执行，达到预期目标。

2023年9月25日，中坦投资论坛暨浙江（金华）-坦桑尼亚贸易投资推介会在达累斯萨拉姆举行，两国共有400多人参会。坦桑尼亚总理卡西姆·马贾利瓦代表坦桑尼亚政府欢迎中国企业家朋友的到来。他指出，这是加深双方友谊的很好机会。目前中国在坦桑尼亚的投资在所有外方投资中处于领先地位，注册的投资项目超过1000个，有力地促进了坦桑尼亚当地就业和民生改善。他表示，坦桑尼亚政府将一如既往为境外投资者创造良好安全的环境，希望双方企业不断提高双边贸易水平、扩大投资合作。会上，中坦两国企业代表签署了有关项目的合作协议。坦桑尼亚投资促进中心、贸易发展局、中坦工业园等机构负责人分别介绍了坦桑尼亚当地投资环境与相关政策、贸易和工业化、企业融资基本情况，以及中坦工业园区建设和东非商贸物流中心运行情况。

2）中坦经贸合作机制

中国与坦桑尼亚经贸合作历史长。进入21世纪，中坦双方不仅建立了中非合作论坛，还签署了多个贸易协定，确立了双方的基本贸易制度和规则。同时，中国适时地建立了对坦桑尼亚单向贸易关税优惠待遇机制，在坦桑尼亚设立中国投资开发贸易促进中心，开展自由贸易协定谈判，以及准许坦桑尼亚在中国境内设立产品展销中心等。

A. 中坦经贸合作的组织机制

长期以来，双边性混合委员会与驻非经商机制是中国对非洲国家的主要经贸合作机制，由它们负责双边的贸易、投资、技术与财政援助制度的具体实施、协调与监督职责。进入21世纪后，中非双方建立中非合作论坛及其配套机制，推动中坦经贸发展、经济政治合作，进一步加强了中坦合作的机制化。

a. 中非合作论坛

中非合作论坛，是中华人民共和国和非洲国家之间在南南合作范畴内的集体对话机制，成立于2000年。论坛的成员包括坦桑尼亚、肯尼亚、南非等与中国建交的54个非洲国家以及非洲联盟委员会。

中非合作论坛的主要职能是定期举行联合会议，磋商双边经贸等重大问题。截至2023年，中非合作论坛已举行了八届部长级会议和十六届高官会，先后通过了《中非合作论坛北京宣言》《中非经济和社会发展合作纲领》《中非合作论坛－亚的斯亚贝巴行动计划（2004—2006年）》《中非合作论坛北京峰会宣言》《中非合作论坛－北京行动计划（2007—2009年）》《中非合作论坛沙姆沙伊赫宣言》《中非合作论坛－沙姆沙伊赫行动计划（2010—2012年）》《中非合作论坛第五届部长级会议－北京行动计划（2013—2015年）》《中非合作论坛约翰内斯堡峰会宣言》《中非合作论坛－约翰内斯堡行动计划

（2016—2018年）》《关于构建更加紧密的中非命运共同体的北京宣言》《中非合作论坛－北京行动计划（2019—2021年）》《中非合作论坛第八届部长级会议达喀尔宣言》《中非合作论坛－达喀尔行动计划（2022—2024年）》《中非应对气候变化合作宣言》《中非合作2035年愿景》等重要国际性文件。

自论坛成立以来，中坦通过中非合作论坛，在贸易、投资、技术与财政援助等领域的合作取得了重大进展与突破，加强了相互之间的对话与磋商，促进中坦双方应对挑战，实现新时期南南联合自强，推动南南合作。

在中非合作论坛机制框架下，中坦双方政府部门、金融机构、商会、私人企业机构、非政府组织等参与建立一系列配套合作机制，对落实中非合作论坛具体的后续计划、推动中坦经贸的发展发挥着重要作用。论坛的配套机制包括中非青年领导人论坛、中非智库论坛、中非地方政府合作论坛、中非民营经济合作论坛、中非农业合作论坛、中非和平安全论坛等。

b. 中国和坦桑尼亚经济、技术和贸易合作联合委员会

混合委员会是中非经贸活动的重要传统组织形式。中坦两国签订了成立双边性联合委员会的协定，建立了中坦经济、技术和贸易合作联合委员会。联合委员会的宗旨是探讨两国在经济、贸易和技术领域合作的可能性，决定合作项目的实施，在评估双方签署的协定、议定书和会谈纪要执行情况后，采取进一步加强合作的措施，以及鼓励双方成立合资企业，敦请主管机构予以支持。

中国和坦桑尼亚经济、技术和贸易合作联合委员会加强了

中坦之间的友好关系，在尊重平等互利、主权与民族独立原则的基础上发展经济、技术和贸易合作，建立了一个协商与磋商的平台，促进中坦双方达成富有成效和持久的合作。

B. 双边贸易协定

目前中国与坦桑尼亚签订了双边贸易协定，建立了稳定的贸易合作机制，具体包括：

a. 遵守平等互利、非歧视待遇（最惠国待遇原则）

中国和坦桑尼亚确立了平等互利的国际经济交往原则，即"在平等互利的基础上发展两国经贸合作关系"。同时，双方还遵守最惠国待遇的原则。享受该待遇的范围主要涵盖如下领域：进口、出口或过境货物的关税和其他一切捐税，进口、出口或过境货物在进口、出口、过境、存仓、换船方面的有关海关规章和手续以及一切规费和费用，对进口、出口或过境货物的限制和禁止以及许可证的发结，对进口货物所征收的各种国内捐税。

b. 原产地规则

中坦贸易协定规定了原产地规则：本协定所称中国的产品系指中华人民共和国生产的货物，坦桑尼亚的产品系指坦桑尼亚联合共和国生产的货物。原产国系指对产品进行生产和制造或者进行最后实质性加工的国家；未经加工的农产品系指实际生产此种产品的国家。缔约双方有权对某些商品的进口要求交验由原产国政府授权的有关机构出具的原产国证明书。

近年来，为了顺利推进对非洲最不发达国家（包括坦桑尼亚）零关税准入机制，中国海关分别于 2004 年 12 月 30 日、

2006年5月31日、2011年6月28日、2017年2月27日先后出台了《中华人民共和国给予非洲最不发达国家特别优惠关税待遇的货物原产地规则》《中华人民共和国海关特别优惠关税待遇进口货物原产地管理办法》《中华人民共和国海关最不发达国家特别优惠关税待遇进口货物原产地管理办法》《中华人民共和国海关关于最不发达国家特别优惠关税待遇进口货物原产地管理办法》，对来自受惠国坦桑尼亚等非洲最不发达国家的货物原产地给予了明确的规定。进口货物符合下列条件之一的，其原产国为受惠国：完全在受惠国获得或者生产的；在受惠国境内全部使用符合本办法规定的原产材料生产的；在受惠国境内非完全获得或者生产，但是在该受惠国完成实质性改变的。原产于受惠国的货物，从受惠国直接运输至中国境内的，可以按照该办法规定申请适用《中华人民共和国进出口税则》中相应的特惠税率。

c. 免征特殊物品的税费

中国对下列坦桑尼亚物品免除关税和其他捐税：无商业价值的样品、宣传材料；不做出售的而用于博览会和展览会的物品和商品；在合同期满后运回的用于装配工作的机器与用具；在规定期满后运回的进口物品的包装物，或出口/进口货物的容器。除此之外，在保证期限内免费提供的零件、用于实验和试验的物品、为进行加工或修理所需要的物品和材料、准备再运回的用于试验或表演的商品或物品、用于科学和技术合作规定范围内的进口物品、用于贸易的广告影片亦免征税费。

d. 贸易便利化与信息交换

通常要求中坦相互给予以下方面的贸易便利措施：为两国贸易团组互访，举办与参加博览会、展览会、研讨会以及类似活动相互提供必要的便利；在海运方面提供可能的便利。

e. 一般例外与特殊外交

中坦任何一方可以为以下目的采取必要的例外措施：为保护公共道德，人类和植物的生命或健康，具有艺术、历史和考古价值的文物，基本的安全利益；为履行由于已经参加或可能参加任何国际贸易或商品协定，或与防止侵犯版权、商标和工业专利等有关安排而承担的义务。

f. 定价与支付规则

中坦双方应采取可能必要的措施，以保证在协定下向另一方出口货物的价格按国际市场价格作价，即依据该货物在主要市场的价格定价。在缔约双方达成的协议和签订的合同项下的付款，均以可以自由兑换的货币支付，或双方商定的可自由兑换的货币支付，但是，应依照各自国内现行外汇条例等相关法律和规章进行。

g. 不得转出口与过境自由

原产于并来源于缔约任何一方国家的商品，不得向第三国再出口，除非征得缔约对方的书面同意。缔约双方根据各自国家现行的法律和法规，对来自或运往缔约另一方的货物给予过境自由。

h. 贸易平衡措施

中坦贸易协定规定，任何一方可以采取措施以实现两国间贸易的平衡发展。如果不能在约定的期限内达到贸易平衡，必要时，根据缔约一方的要求，缔约双方将再行商定措施，以纠正不平衡现象和克服在执行协定时可能发生的任何困难。如果协商后不能达成协定，缔约任何一方可采取其认为的必要的任何措施，以纠正此行为。

C. 单向关税优惠待遇机制

一直以来，在关税优惠待遇方面，主要是中国单向给予坦桑尼亚关税优惠待遇，并且呈现出受惠产品逐渐扩大的趋势。

2003年，中国在中非合作论坛第二届部长级会议上宣布，对非洲最不发达国家部分商品在准入中国市场时给予零关税待遇。鉴于此，中国海关总署发布了《中华人民共和国海关关于执行〈中华人民共和国给予非洲最不发达国家特别优惠关税待遇的货物原产地规则〉的规定》（海关总署令第123号），其中包括对坦桑尼亚的零关税待遇。目前坦桑尼亚与中国办妥了商品零关税换文，享受零关税准入待遇，主要涉及坦桑尼亚的水产品、未加工或初加工的农产品、药材、石材石料、矿产品、皮革、纺织品、服装制成品、轻工产品、机电产品和木制家具等十多个大类。

D. 自由贸易协定

由于坦桑尼亚经济规模较为弱小，中国与非洲的自由贸易谈判主要放在非洲较大的经济体与区域一体化合作组织。在中非合作论坛，中非双方签署的包括《中非合作论坛——北京行动计划（2019—2021年）》在内的一系列重要国际性文件，均加强了中国与非洲联盟与次区域经济组织的合作，其中中国与南部非洲发展共同体、东非共同体等区域组织的合作有力推动了中坦贸易合作。

E. 非洲产品展销中心

《中非合作论坛——沙姆沙伊赫行动计划（2010—2012年）》规定，在中国设立非洲产品展销中心，对入驻的坦桑尼亚企业给予减免费用等优惠政策，促进坦桑尼亚商品对华出口。非洲产品展销中心是中国实行对非贸易发展多元化战略的重要组成部分，是促进和加强中非经贸合作的一项重要举措。非洲产品展销中心设在浙江省义乌市的国际商贸城，面积5000平方米，是非洲国家开展贸易的窗口。

非洲产品展销中心的定位是经营展示迎合中国市场需求的坦桑尼亚特色产品，拓展中国市场及转口贸易，并以商品贸易为基础，带动中国与坦桑尼亚在经贸、文化、信息、旅游等多领域的合作与交流。合作模式是政府搭台、公司化运作。通过与坦桑尼亚的充分交流，推荐贸易促进机构或专业贸易商优先作为本国展销窗口的经营主体，负责窗口商品的展示、营销等运营工作。

3）中坦双边贸易的远景展望

坦桑尼亚是中非合作的优先国家，是共建"一带一路"重点国家，中坦经贸合作将迎来新一轮快速发展时期。中国改革开放40多年积累了大量的工业技术优势和资金优势，坦桑尼亚等非洲国家，具有迫切的加快基础设施建设和工业体系建设及发展劳动密集型产业的需要。

坦桑尼亚比较优势明显，合作空间巨大，产能转移机会良好。坦桑尼亚长期奉行与中国友好政策；政府对外来投资持开放态度；外汇管制宽松；政局总体稳定，法律体系相对健全；国土面积大，资源丰富，人口多，对周边东南非国家辐射力强。坦桑尼亚是东部非洲经济发展最快的国家之一，未来几年，经济增长预计有可能保持在更高水平。在坦桑尼亚市场上，数码相机、手机等电子产品以及摩托车、农用机械等产品的需求正不断扩大。对于廉价日用消费品，虽然坦桑尼亚居民贫富差距较大，但总体消费水平并不低。目前，坦桑尼亚许多产品依靠进口，加之普通民众的品牌认知度较低，有利于新产品进入其市场。

6. 坦桑尼亚与其他亚洲国家的关系

坦桑尼亚重视发展与亚洲国家的关系。

2004年12月，姆卡帕总统对越南进行正式访问。2004年9月，印度总统卡拉姆对坦桑尼亚进行国事访问。

2006年9月，坦桑尼亚总理洛瓦萨访问泰国、越南。

2011年5月，印度总统辛格访问坦桑尼亚，宣布向坦桑尼亚提供1亿美元经济援助。

2014年，坦桑尼亚与越南之间的贸易额约为1.56亿美元。越南向坦桑尼亚出口了价值超过1.05亿美元的商品，主要出口商品包括水泥熟料和大米。同年10月12日，坦桑尼亚总统基奎特对越南进行了为期两天的国事访问，参观了各种工业，并鼓励越南在坦桑尼亚进行投资。

印度总理莫迪于2016年7月9—10日对坦桑尼亚进行国事

访问，并与坦桑尼亚总统马古富力进行了双边会谈。

坦桑尼亚主流媒体《公民报》报道，2017年1—5月，韩国与坦桑尼亚贸易额达到8600万美元。其中，坦桑尼亚向韩国出口的商品总值约2400万美元，主要是烟草、咖啡、铜、香料等。从韩国进口的商品总值约6200万美元，主要是药品、铜铁、石化产品和拖拉机。

2018年，坦桑尼亚向日本出口的商品总值为998.6亿日元，主要商品包括咖啡、贵金属、芝麻、烟草。同年，坦桑尼亚从日本进口的商品总值为3276.7亿日元，主要商品包括运输设备、机械。2019年，坦桑尼亚总理马贾利瓦、外交和东非合作部部长卡布迪、畜牧和渔业部部长姆皮纳等访问了日本。

2022年，印度尼西亚对坦桑尼亚的出口额为74万美元，以棕榈油及其衍生品为首，而坦桑尼亚对印度尼西亚的出口额为28万美元，主要是丁香、可可和烟草。自2023年以来，坦桑尼亚的新大使馆办公室已在雅加达正式开放。印度尼西亚总统佐科·维多多于2023年访问了坦桑尼亚。

第四章　坦桑尼亚产业发展与合作机会

近年来，坦桑尼亚经济增长引人注目，各大产业凭借其独特的优势快速发展，政府对产能发展的高度重视及其广阔的经济发展潜力吸引了世界各地企业争相进入，中坦合作发展具有良好前景。本章重点分析和研究坦桑尼亚的产业结构和发展状况及其市场投资机会，有利于投资者深入了解坦桑尼亚三大产业的改革历程，以及中坦两国的合作历程，从而对其近年来的产业发展和投资合作环境有更清楚的认识，降低投资风险。

一、坦桑尼亚产业发展状况

（一）产业结构与产业发展

1. 坦桑尼亚第一、第二、第三产业结构

作为一个农业大国，农业是坦桑尼亚的经济支柱，以养殖业、种植业、林业、牧业、渔业为主体。2021 财年，坦桑尼亚

第四章 坦桑尼亚产业发展与合作机会

农业（含渔业）的产值约占国内生产总值比重的 26.1%，主要农作物有小麦、稻米、玉米、高粱、小米等，主要经济作物有咖啡、剑麻、丁香、棉花、茶叶、烟叶等。坦桑尼亚全国适宜发展畜牧业的土地约有 50 万平方千米，但是目前仅有 26 万平方千米得到开发利用。畜牧业产值增长相对迟缓，生产率比较低下，精制肉类、乳制品等绝大部分仍需从南非、肯尼亚及西方国家进口。

坦桑尼亚的工业产值大约占国内生产总值的 29.6%，矿业产值约占国内生产总值的 7.2%，建筑业约占 13.8%。制造业以进口替代型轻工业和农产品加工业为主，包括食品加工、制鞋、轧钢、纺织、水泥、造纸、化肥、炼油、皮革、汽车装配、铝材加工、农具制造、轮胎等。其中桑给巴尔的工业以农产品加工业为主，有丁香油厂、糖厂、椰子加工厂、石灰厂、自来水厂、碾米厂、印刷厂和发电厂等。

总体来说，坦桑尼亚的第三产业水平不高，由商业（包括批发及零售业）、旅馆与餐饮业（包括旅游业）构成第三产业的主体，是国民经济的重要组成部分，占国内生产总值的 40% 左右，其中各个部门所占的比重分别为交通和仓储 7% 左右，金融和保险 4% 左右，其他服务业 12% 左右。近年来，在坦桑尼亚国民经济总体增长特别是旅游业迅速发展的带动下，第三产业增长率有所提升。

表 4-1 坦桑尼亚 2015—2021 年各行业占当前国民生产总值比重

行业	2015年	2016年	2017年	2018年	2019年	2020年	2021年
农业（含渔业）	26.7%	27.4%	28.8%	27.9%	26.6%	26.4%	26.1%
种植业	14.1%	15.2%	16.6%	16.3%	14.8%	15.1%	14.6%
畜牧业	7.6%	7.6%	7.5%	7.2%	7.4%	7%	7%
林业	3.1%	2.9%	2.8%	2.7%	2.7%	2.6%	2.8%
渔业	2%	1.8%	1.9%	1.7%	1.7%	1.6%	1.8%
工业	24.5%	24.9%	25%	27%	28.6%	29.7%	29.6%
矿业和采石业	4.3%	4.9%	4.4%	5.1%	5.2%	6.6%	7.2%
制造业	7.9%	7.8%	7.7%	8.1%	8.5%	8.3%	7.8%
电力供应	0.8%	0.4%	0.3%	0.3%	0.3%	0.3%	0.2%
供水、排水和污水处理	0.4%	0.4%	0.4%	0.4%	0.4%	0.4%	0.5%
建筑业	11.1%	11.3%	12.2%	13.1%	14.2%	14.1%	13.8%
服务业	40.4%	39.4%	38%	37.2%	36.8%	36.5%	36.5%
批发和零售	9.3%	9.1%	9.1%	9.1%	8.8%	8.6%	8.7%
交通和仓储	7.3%	7%	6.7%	6.5%	6.9%	7.4%	7.1%
酒店和餐饮	1.5%	1.4%	1.3%	1.3%	1.3%	1%	1.1%
信息和通信	1.8%	1.6%	1.5%	1.5%	1.5%	1.5%	1.5%
金融和保险	4.4%	4.9%	4%	3.8%	3.5%	3.5%	3.4%
房地产	3.1%	2.9%	2.8%	2.8%	2.7%	2.8%	2.8%
其他服务业	13%	12.8%	12.4%	12.3%	12.1%	12%	12%
产品税	8.3%	8.2%	8.2%	7.9%	7.9%	7.3%	7.7%

资料来源：坦桑尼亚国家统计局、坦桑尼亚中央银行。

注：其他服务业包括科研、公共管理、健康、教育、艺术以及其他社会和个人服务业。

2. 坦桑尼亚产业发展状况及其问题

（1）农业发展历程及政策

1）概况

坦桑尼亚是一个以农业为主的国家。农业以种植业、渔业、林业、牧业为主，是坦桑尼亚的经济支柱。农业提供了75%的就业机会，对国内生产总值的贡献率达到了50%（其中农作物生产贡献率约为35%），对出口换汇的贡献率更是高达85%。近年来，坦桑尼亚政府提出"农业第一"战略和南部经济发展走廊计划，大力推动农业生产，粮食不断增产。目前丰年自给有余并可少量向邻国出口。

坦桑尼亚有7个农业生态区，每个生态区都有各自的优势农作物，不过所有生态区都种植主要的粮食作物。农作物主要有3大类：粮食作物、传统作物和非传统作物。粮食作物包括玉米、水稻、小麦、马铃薯、甜薯、木薯、高粱、粟米等，传统出口作物包括咖啡、棉花、腰果、烟草、茶叶、剑麻、除虫菊、丁香等，非传统出口作物包括各类油料作物、豆类、香料、可可和装饰花卉等，其中传统出口作物出口占外汇收入的80%。

表4-2 坦桑尼亚耕地分布情况

区域	面积（平方千米）
坦桑尼亚大陆	72000
短雨季已耕地面积	15000
长雨季已耕地面积	57000
桑给巴尔岛	780
短雨季已耕地面积	110
长雨季已耕地面积	670
合计	72780

资料来源：坦桑尼亚国家统计局。

表4-3 2013—2021年坦桑尼亚主要农作物产量（单位：万吨）

名称	2013年	2014年	2015年	2016年	2017年	2018年	2019年	2020年	2021年
玉米	517.4	673.4	590.3	614.9	668.1	627.3	565.2	671.1	703.9
大米	130.7	168.1	193.7	222.9	159.4	222.0	206.3	303.8	268.8
小麦	9.2	16.7	7.2	7.6	5.0	5.7	6.3	7.7	7.0
高粱	104.1	124.6	100.7	100.3	106.4	98.8	111.7	104.3	107.7
木薯	194.3	166.4	196.2	220.5	134.2	279.1	272.8	242.7	248.6
豆子	164.1	169.7	180.8	195.9	231.8	182.3	188.8	189.5	223.6
香蕉	130.7	106.4	119.5	106.1	84.5	113.2	113.5	135.8	144.3
甜薯	125.9	116.7	109.0	104.4	200.8	160.8	164.4	164.7	162.6
腰果	12794.7	12344.9	19793.3	15541.6	26523.8	31382.6	22505.3	23268.1	21078.6
咖啡	7120.0	4730.1	4167.6	6092.1	4832.9	4524.5	6814.7	6065.1	7302.7
茶叶	3370.0	3300.0	3575.0	3262.9	2697.5	3401.0	3719.3	2871.5	2751.0
烟叶	8635.9	10000.0	8773.7	6069.1	5863.9	5052.2	7082.4	3754.6	5850.8
棉花	35713.0	24676.7	20331.2	14945.6	13293.6	22203.9	34891.0	34895.8	12283.6
剑麻	3487.5	3757.1	3920.4	4231.3	3653.3	4063.5	3327.1	3637.9	3617.0

资料来源：坦桑尼亚国家统计局。

2）发展历程及政策

由于长期的殖民统治，独立后，除一些经济作物生产外，坦桑尼亚农业仍以传统生产方式和经营方式为主，属于自然经济，广大乡村地区十分落后。

从20世纪80年代中期起，特别是20世纪90年代以来，坦桑尼亚出台了一系列推动农业发展的政策和法规。例如，1991年议会通过立法取消国家对农产品销售的垄断权，鼓励私商经营农产品的生产和出口；1993年开始实施农业改革计划，措施包括在国家资助下引进先进耕作技术，改良作物品种，扩大灌溉面积，建立农业服务中心，为农民提供种子、化肥、农业技术以及运输工具，改善农民个人信贷条件，发展农业供销合作社组织等；1996年推出教育和技术培训政策，重点提高乡村地区农业和牧业技术；1997年制定恢复乡村地区合作社组织的政策，以搞活乡村的物流系统；1997年制定了农业政策和畜牧业发展策略；1998年实施了国家林业政策。

1999年坦桑尼亚政府制定了"2025年国家发展愿景规划"，明确了未来25年的经济发展目标。2011年，政府首次制订并向议会呈报了"2025年国家发展愿景规划"第一个五年发展规划，经议会审议通过后开始实施。

"2025年国家发展愿景规划"确立了坦桑尼亚2025年实现人均收入3000美元、成为中等收入国家的发展战略目标。第一个五年发展规划指导思想是"释放坦桑尼亚发展潜力"，主要目标包括：消除阻碍经济增长的障碍；增强国力，实现最理想的经济增长，尽快减少贫困；培养有效利用机会的能力，充分利用本国、地区一体化及全球化机会；创造更多就业机会，解决青年就业问题。第一个五年发展规划确立了4个战略支柱：第一，维护当前经济稳定局势，巩固已有成绩。第二，利用资源，发展经济。优先发展绿色农业、畜牧业、渔业及利用本国原材料和自然资源发展工业。第三，有效利用本国地理位置潜力，将坦桑尼亚打造成大湖区经济、贸易和服务的领头羊。第四，开发人力资源，扩大科技应用，提高经济服务、政府、社会活动的效益和效率。

此外，第一个五年发展规划确定了农业、基础设施、工业、旅游、人力资源和信息通信 6 个优先发展领域。其中，农业方面的主要目标是：大米、玉米、食糖、豆类产量翻番，实现粮食自足有余，适量出口；发展能够帮助农民增加收入、减少贫困的高收益经济作物，除传统经济作物外，着力种植高附加值水果、鲜花、蔬菜和香料；发展现代化畜牧业和渔业，实现商品化生产。

第二个五年发展规划（2016—2020 年）重点关注工业发展。该计划优先考虑的重点项目包括姆特瓦拉经济特区和基戈马经济特区，以及开发利用利甘加铁矿和姆楚楚马煤矿，修建中央标轨铁路等。在追求经济发展速度的同时，坦桑尼亚政府意识到要消除贫困，注重经济发展的效率和公平。

坦桑尼亚政府重点吸引外资的最惠领域包括农业及农产品加工业、出口导向型工业、制造业等相关产业。目前，部分进口商品以及用于出口的商品和服务免交增值税。投资于最惠领域的资本货物免交进口关税，其中农业项目除建筑物外免征原材料和资本货物进口关税。

近年来，坦桑尼亚政府提出"农业第一"战略和南部经济发展走廊计划，大力推动农业生产，粮食产量提升较快，丰年自给有余，并可向邻国少量出口。这些政策和法规的基本思想都是坚持以农业为基础，调整经济结构，调整政策，按市场规律办事，实行私营化政策，鼓励农民发展生产，鼓励私人资本（包括国外资本）在农业部门投资。这些政策和法规的实施，为各个农业部门的发展增添了活力，激活了广大乡村地区的生产活动，尤其是最近几年坦桑尼亚农业的发展呈现出勃勃生机。

3）农业潜在投资项目

A. 园艺产业

坦桑尼亚园艺产业是农业部门增长最快的行业，2020年12月6日坦桑尼亚媒体《每日新闻》报道称，园艺产业的年均增长率为9%—12%，对园艺产业的投资增长率也达到17%，园艺被认为是最具投资潜力的产业。目前，已有一些投资者开始运行园艺产业并出口产品，包括蔬菜、水果、花卉、香料和园艺种子。投资园艺产业的优势在于：在坦桑尼亚本地和出口方面，对高端园艺类产品均有很大的需求，园艺产品出口已经得到了长足的发展；在坦桑尼亚，水果、花卉、香料等产品的品质还有待进一步提高；土地的可利用性、大范围的有利气候条件为园艺作物产品提供了保障；港口和机场等基础设施能够确保园艺产品及时通过海运、空运运往国际市场。

B. 食糖产业

近年来，坦桑尼亚食糖产量迅速增长，截至2021年，坦桑尼亚食糖的年均产量为37万吨，需求量为67万吨。理想的土壤和气候使坦桑尼亚拥有世界上最高的平均甘蔗产量，达到120吨/公顷。随着人口和收入的迅速增长，预计坦桑尼亚的食糖需求每年增长6%。据预测，目前坦桑尼亚食糖供应缺口约为30万吨，而除坦桑尼亚外，整个东非的食糖供应缺口约为40万吨。由于产地和产量受限，当前坦桑尼亚食糖产量已达到顶峰，坦桑尼亚政府希望投资者能够投资甘蔗种植和食糖生产。

C. 林业

坦桑尼亚主要的树种都是价值较高的热带林木，如雪松、非洲花梨木、罗汉松和红木等。林业的投资机会包括：建设人工林，坦桑尼亚政府积极推动私营部门和社区参与政府人工林发展，鼓励企业和个人投资纸浆业，并通过公私合作模式进行投资；投资相关加工产业，如生产木材、刨花板、胶合板、纤维板、家具等，据估计，由于仍然使用旧的生产方式，只有30%—40%的原料得以加工成最终产品。

D. 渔业

坦桑尼亚是非洲最大的捕鱼国之一，在捕捞渔业生产方面排名前10位。每年的鱼产量约为34万吨，渔业为国民生产总值贡献了1.4%，创造了10%的外汇收入，并雇用了超过18万名的全职渔民，约有400万人以此为生。

（2）工业发展历程及政策

1）概况

坦桑尼亚制造业以农产品加工和进口替代型轻工业为主，包括纺织、食品加工、皮革、制鞋、轧钢、铝材加工、水泥、造纸、轮胎、化肥、炼油、汽车装配和农具制造等。桑给巴尔工业以农产品加工为主，主要有椰子加工厂、丁香油厂、碾米厂、糖厂、石灰厂、自来水厂、发电厂和印刷厂等。2021财年坦桑尼亚工业产值约占国内生产总值的29.6%。

表4-4　2017—2021年坦桑尼亚大陆主要制造业商品产量

主要商品	2017年	2018年	2019年	2020年	2021年
铅制品（公吨）	1410	1622	1569	1250	1497
毛毯（万个）	33.7	33.6	37.5	39.6	42.2
啤酒（万升）	39686.4	41255.5	39129.9	38585.1	38046.4
香烟（万支）	741.2	792.1	836.9	732.0	702.1
棉纱（公吨）	4685	4801	4821	4176	3569
电缆（公吨）	4393	4851	4904	3896	9280
镀锌管道（公吨）	22523	21493	13962	12390	15590
玻璃（公吨）	13523	15873	17612	18081	18273
皮革（万个）	38.2	43.8	24.8	51.5	68.4
钢材（公吨）	173392	215828	203018	233067	248074
剑麻绳（吨）	8188	8148	9287	8187	8583
软饮料（万升）	64333.3	64576.0	72511.4	83907.8	94485.4
糖（公吨）	320326	315897	441068	450748	433061
面粉（公吨）	606432	662780	680393	767476	737652

资料来源：坦桑尼亚国家统计局。

2）发展历程及政策

独立前，坦桑尼亚大陆的工业基础十分薄弱，仅有一些采矿业、农产品加工业及少量轻工业，其工业产值仅占国内生产总值的3.4%，工人也只有2.2万人。长期以来，坦桑尼亚大陆（坦噶尼喀）在殖民统治下形成了单一的殖民主义经济体系，靠低廉的价格向宗主国出口经济作物产品和矿产资源等换取一些外汇，然后再高价从那里进口生活和生产必需品。独立以来，为改变这种"出口原料，进口成品"的不合理状况，坦桑尼亚政府不断采取措施，并取得了一定进展。目前，坦桑尼亚仍在为改变这一不合理的经济结构进行着艰苦的努力。

A. 独立后的发展与问题

坦桑尼亚大陆（坦噶尼喀）独立后，政府首先通过吸引国内外私人投资政策来推动工业的发展。1962年，英美烟草公司在坦桑尼亚设立了分公司；接着，吸引亚洲人在当地建炼铝厂；意大利阿吉普石油公司同坦桑尼亚政府合资建立了坦桑尼亚－意大利炼油厂；此外，还先后兴建了纺织、制革、制鞋、造纸、农产品加工、木材加工等一批新工厂。政府在第一个五年发展规划中明确提出积极发展进口替代工业的计划，进一步发展日用消费品工业。据统计，到1966年，其工业产值在国内生产总值中所占的比例已增加到8.1%，工人人数也增加到3.26万人。当然，这些工厂的绝大部分投资来自国外。

1967年《阿鲁沙宣言》发表后，政府对一些重大的工厂企业实行了国有化，对另一些诸如剑麻加工厂、卷烟厂、皮鞋厂、酿酒厂、炼油厂、采矿厂等企业，则采取征购50%以上股份的做法，实行了合营。与此同时，根据第二个五年发展规划中规定的"优先发展进口替代工业"的安排，政府又投资兴建了一些生产生活必需品的工厂。到20世纪70年代中期，国有企业已占据了坦桑尼亚工业的主导地位，全国40多家较大的企业都是国营企业，其产值占整个工业产值的一半以上。1973年，坦桑尼亚全国已有538家工厂，雇佣工人7.26万人。

到20世纪80年代初，坦桑尼亚以进口替代工业为主的制造业已有一定规模。农产品加工企业较多（绝大部分属于作坊类），包括剑麻加工厂（240个）、咖啡加工厂（149个）、腰果加工厂（4个）、茶叶加工厂、榨油厂、碾米厂、面粉厂、制糖厂、轧棉厂和除虫菊加工厂等。

其中，制糖业发展很快，较大的糖厂有基隆贝罗糖厂、坦噶尼喀种植公司和阿鲁沙奇尼糖厂等，1971年产糖9.58万吨，已完全能够满足国内市场需求。

纺织、服装和制鞋业也发展较快。纺织厂规模较大，到20世纪70年代中期已建有6家棉纺织厂，共有棉纱锭78136个，棉织机3012台，1973年棉布总产量为7472万米，达到了基本满足国内需求的水平；另外还有2个麻袋厂和1个棉毯厂。

轻工业还有卷烟、制革、自行车组装、收音机组装、造纸、纸制品、木器家具、火柴和塑料制品等，以及啤酒、葡萄酒、白酒、饮料、罐头、面包和糕点等饮料和食品行业。

规模较大的企业还有水泥、化肥、轮胎、农具制造、炼油、轧钢、钢管、机车车辆修理、拖拉机和汽车修配厂等。

据统计，1982年，坦桑尼亚大陆从事工业生产的约有12.9万人，其中12.1万人在加工业部门工作，当年工业产值占国内生产总值的15%。

然而，值得关注的是，这些工业企业的基础都非常脆弱，经不起生产上的波动。第一，它们中有许多是外国援建的，外援不可能一包到底；第二，过激的国有化政策，严重影响了私人资本和外国资本投资的积极性，而政府的资金又有限；第三，1967年以后兴建的工业大多是资本密集型项目，据估计，它们所需要的设备和原料的进口率占74%；第四，国有企业管理机构庞大，人员素质低，普遍管理不善。

20世纪70年代中期西方发生经济危机，国际市场农产品价格猛跌，而石油价格却上涨，加上连续两年干旱，坦桑尼亚在外汇收入锐减的情况下还得进口大量粮食，致使政府财政困难，对工业用原料和零配件的供应无暇顾及，出现了工业开工不足，生产率下降的局面。随之，国际上出现了第二次石油危机，坦桑尼亚又遭到周期性旱灾。据统计，由于没钱进口工业原材料、生产设备及其零配件，加之水、电供应不足，工业开工率从1976年的69%降至1986年的20%—30%；工业产值连年下降，1977—1986年10年间工业产值下降近30%。据报道，到1987年，制造业在坦桑尼亚国内生产总值中所占的比重已从1980年的8.7%降至4%。

B. 改革开放后得到恢复

姆维尼总统1985年执政后开始调整政策，1986年开始执行国际货币基金组织建议的结构调整计划，实施"三年经济恢复计划"。恢复计划规定：在此期间不兴建新的工业项目，重点是恢复与国计民生密切相关的工业企业，争取在3年内把工业开工率由1986年的20%—30%提高到60%—70%；国有企业要加强管理，采取自负盈亏等措施；欢迎和鼓励私人（包括外国人）投资制造业，积极参与国有企业私营化的改制任务。

坦桑尼亚的经济恢复计划得到国际社会的支持，1986年外援增加，解决了进口某些工业原料和机械设备等所需外汇的问题，制造业状况有了好转，到1988年制造业产值在国内生产总值中所占的比例就回升到了7.8%。

1990年4月，坦桑尼亚议会通过《坦桑尼亚投资促进法》，取消了对私人资本和外商投资的限制，鼓励私营企业发展，鼓励私营企业单独投资或合资，促进经济快速增长，创造就业机会，提高人民生活水平。同时，为了吸引外资，建立了自由港、出口加工区和经济开发区。1993年，姆维尼总统任命了一个总统国有企业改革委员会，负责对大约400家国有企业的资产进行评估和私有化的工作。总统国有企业改革委员会1994年提出第一批私有化的国有企业名单后，加上优惠的税收和外汇政策，本国资本和外国资本投资迅速增加，国有企业私有化步伐也加快了。据报道，截至1996年6月，投资促进中心批准了763个投资项目（约1/3为工业项目），总金额达19亿美元，可提供11.24万个就业机会；同时有95家国有企业实现了私有化，其中包括一些大型的工业企业，如坦桑尼亚酿酒有限公司、坦桑尼亚卷烟公司和坦噶水泥厂等。大批私营企业的创建和国有企业私有化计划的落实，不仅推动了坦桑尼亚进出口贸易的发展，而且完全扭转了20世纪80年代以后出现的制造业下滑的趋势，到20世纪90年代中期制造业年均增长率达到了近4%的水平。

姆卡帕总统1995年执政以来，积极推进经济自由化与国有企业私有化改革进程，并出台了一系列工业发展政策和法规，主要有：1996年，政府制定了"工业可持续发展政策（1996—2020年）"，目的在于推动工业部门的可持续发展。1997年7月，坦桑尼亚议会通过《坦桑尼亚投资法（1997年）》，在1990年《坦桑尼亚投资促进法》的基础上又增加了一些投资优惠政策。在1999年制定的"2005年国家发展愿景规划"中，明确提出在2025年之前"把坦桑尼亚建成一个半工业化国家，工业产值要占到国内生产总值的40%"。其指导方针是：发挥私营部门在发展经济中的主导作用；坚持以市场为导向和以市场竞争为动力的原则。2002年，坦桑尼亚议会通过了《出口加工区法案》，政府据此制定了出口加工区的规定和管理办法，并决定在坦噶、乞力马扎罗、卡盖拉、基戈马、姆特瓦拉和姆贝亚建立工业园区；同时，政府还制定了"中小企业发展政策"，建立了为中小企业提高贷款的发展银行等。

上述这些政策，进一步调动了本国资本和外国资本投资的积极性，新的投资项目（包括一些较大工业项目）不断增加。据统计，坦桑尼亚投资中心在2023年2月注册了41个项目，总价值为3.39亿美元（超过7800亿坦桑尼亚先令），预计新项目将创造7370个工作岗位，比2022年2月注册的项目增加128%。

随着私营制造业的发展，特别是国有企业改制的进行，坦桑尼亚的制造业得到了一定程度的恢复和发展。酿酒、卷烟、面粉、食用油、肥皂、清洁剂、饮料等消费品产量均有不同程度的回升；饲养业、纺织业、印刷出版业、包装等行业展现出勃勃生机；建材工业也随着全国范围的基础设施、工业及民用建筑建设的开展扭转了衰退势头。一些企业，如南非投资的坦桑尼亚啤酒厂和美资（现已变成日资）的坦桑尼亚烟草公司，私有化后已扭亏为盈并成为国家利税大户。坦桑尼亚啤酒厂资产总值到1999年就已从改制前的3000万美元增加到2亿多美元，步入非洲30家大企业行列，成为坦桑尼亚第一利税大户。

坦桑尼亚政府于 2013 年出台"天然气政策", 2014 年出台"石油政策"和"油气工业本地化政策", 2015 年通过了《油气收入管理法》和《石油法》。据报道，坦桑尼亚制造业 2021 年增长率达到 3.5%，其产值在国内生产总值中所占的比例为 8.4%。

3) 工业能源和电力

坦桑尼亚能源资源主要集中在石油、煤炭、水力及潮汐等领域。其中石油开发仍在勘探阶段，天然气已开发待运送。煤炭开发始于 20 世纪 70 年代，首家煤矿由中国政府援建。水电开发潜力较大。潮汐及风力开发尚在探索阶段。

目前，坦桑尼亚能源消耗构成大致为：木材等生物能源占能源消费总量的 90%，石油占 6%，水电占 1.7%，煤炭等其他能源占 2.3%。商业性能源构成为：石油占 82%，电力占 15%，煤炭占 3%。

坦桑尼亚水力资源丰富，水力发电潜力超过 4.78 亿千瓦时。但电力工业发展严重滞后，目前仅有 375 万千瓦时得到利用，大部分水力资源尚待开发。坦桑尼亚目前仅有 10% 的国民能用上电，其工业用电价格较高，每度电 12 美分，是肯尼亚、乌干达等周边邻国的 2—3 倍，全国断电、限电现象时有发生。电力工业发展严重滞后正成为制约坦桑尼亚经济发展的主要因素之一。

(3) 商业与服务业发展历程及政策

1) 概况

在坦桑尼亚，商业（国内贸易，包括批发及零售业）、服务业是第三产业的主体，总体发展水平不高。坦桑尼亚的服务业占国内生产总值的49.9%，其中贸易与维修业占14.8%，交通运输业占5.1%，通信业占3.9%，酒店和餐饮业占2.2%，其他服务业（包括金融中介、公共管理、房地产、教育、卫生以及其他社会和个人服务业）占24%。坦桑尼亚的服务业附加值在过去几年中也有所增长，这些数据显示，坦桑尼亚的服务业在其经济中起着重要的作用。坦桑尼亚的旅游资源丰富，非洲三大湖泊维多利亚湖、坦噶尼喀湖和马拉维湖均在坦桑尼亚边境线上，海拔5895米的非洲第一高峰——乞力马扎罗山世界闻名。其他自然景观有恩戈罗恩戈罗火山口、东非大裂谷、马尼亚拉湖等，另有桑给巴尔岛奴隶城、世界最古老的古人类遗址、阿拉伯商人遗址等历史人文景观。坦桑尼亚1/3国土为国家公园、动物和森林保护区，共有塞伦盖蒂、恩戈罗恩戈罗等15个国家公园、50个野生动物保护区、1个生态保护区、2个海洋公园和2个海洋保护区，超过3万间旅馆客房。2022年旅游业总收入达25.28亿美元。

2）发展历程及政策

独立初期，坦桑尼亚国内市场状况较好。但由于本国工业落后，市场上的大部分商品都是进口货，生活消费品的70%—80%靠进口，汽车、机械设备、化学药品、石油产品、工业原料全靠进口。出于历史原因，独立后，坦桑尼亚商业基本上都控制在印度人、阿拉伯人和欧洲人等外国移民手里，他们不仅控制了对外贸易，也控制着国内贸易，只有少数乡村地区的零售业由当地人经营。

1967年《阿鲁沙宣言》以后，坦桑尼亚政府对贸易公司实行了国有化，到20世纪70年代末，国内贸易的批发业务已完全被国营公司所垄断；在零售业方面，虽然当地政府建立了一些合作商店，但主要还是由个体商贩经营，他们向社区居民出售肥皂、食用油、盐、食糖及其他生活必需品。20世纪70年代末到80年代初，由于经济困难，进口日益减少，商店空空如也，市场一派萧条景象。

为了解决人民生活必需品和生产资料供应的困难，1985年姆维尼就任总统以后，在实施结构调整政策以推动工农业生产恢复和发展的同时，调整商业政策，鼓励私商自筹外汇进口商品，进口粮食。1990年坦桑尼亚议会通过《坦桑尼亚投资促进法》，鼓励国内外私人资本投资，之后又陆续取消国家销售局和工业公司进出口的垄断地位，放开物价，取消对进口的各种限制，同时取消了外汇管制。所有这些，对推动商业的恢复和发展都起了积极作用，投资于商业的私人资本越来越多，开始自筹资金进口商品的一些人逐渐成了进口商和进口商品批发商，到20世纪80年代末和90年代初坦桑尼亚国内市场已经比较活跃，城镇商店、商场和菜市场的商品一应俱全，在达累斯萨拉姆还出现了小型超市。

姆卡帕执政期间，为鼓励私商进口，保证国内市场货源充足，政府于1996年进行税制改革，不仅简化了税种，而且把进口税降低了16%左右。与此同时，鼓励私商投资，加速推进国营商业企业改制的进程，1994—1998年期间将150家国有商业企业（主要在商品流通领域）转为私营企业。在"2025年国家发展愿景规划"和"减贫战略计划"出台以后，政府将发展国内贸易作为实现减贫战略计划的措施之一，对商业给予特别关注。2000年政府制定了一项扶持中小企业发展的"国家微观金融政策"；2001年设立了为小企业提供贷款的小额信贷基金和全国企业发展基金；2003年出台"中小企业发展政策"和"国家贸易政策"，2003年7月实施了"改善坦桑尼亚商业环境的计划"，规定对年营业额少于2000万先令的商店免收营业执照费，超过2000万先令的商店的执照费每年也只收取2万先令，以减轻商业店铺的负担。在国家商业政策和中小企业政策的激励下，从事商业活动的人越来越多。根据经济和社会研究基金会的一份报告，截至2023年，坦桑尼亚有100多家知名公司，300多万家中小企业，雇佣了500多万人。从市场情况看，进入21世纪以来，随着宏观经济的持续增长，坦桑尼亚商业出现了稳定发展的局面。

3）旅馆和餐饮业

在坦桑尼亚大陆，除都市和城镇里为数不多的一些中小型餐馆和快餐店外，旅馆和餐饮业主要是指建在都市和主要旅游景点的现代化酒店、饭店或宾馆，还包括一些野生动物园内被称作客栈的小旅馆。进出这些旅馆的，除了普通旅游者（大部分是外国旅游者），就是富商大贾、企业家、驻坦桑尼亚的外交官员以及一些政府或军队的高级官员，一般的坦桑尼亚人根本"无钱问津"。

坦桑尼亚的旅馆和餐饮业开始于殖民统治时期，主要为殖民者的旅游、狩猎和度假服务。独立初期，赴坦桑尼亚旅游的、尤其是经肯尼亚到坦桑尼亚的外国旅游者的人数逐年增加，旅馆和餐饮业有所发展。

为了恢复和发展旅游业，增加外汇收入，1980年坦桑尼亚政府制定和实施了"旅游业发展十年计划"。1982年就得到世界银行一笔贷款。在计划的头5年里，坦桑尼亚大陆就新建了11家旅馆，扩建了2家旅馆，其旅馆和餐饮业的状况得到了改善。

到姆维尼时期，1985年11月政府成立旅游协调促进委员会，明确提出振兴旅游业，为国家赚取更多的外汇。为提高旅馆和旅游业工作人员的服务质量，政府加强了对他们的培训工作，同时提出了请外国公司帮助管理或与坦桑尼亚合资经营几家重要旅游饭店的计划。

为发展旅游业，坦桑尼亚政府采取了一系列政策和措施，包括：1990年把旅游基础设施的恢复和建设划为优先领域之一；1993年把所有国营旅馆和饭店全部私有化；1997年为投资者提供了更多优惠条件。所有这些，都为坦桑尼亚旅馆和餐饮业从国有化向私有化和市场化的转型发挥了重要作用，推动了坦桑尼亚大陆旅馆和餐饮业的迅速恢复和发展。

据统计，1990—1996年投资的旅馆项目有12个，主要是国内外公司与政府合资恢复和扩建现有的旅馆项目，投资金额为1800万美元；到2002年6月，旅馆和餐饮业的投资项目增加到81个，投资金额达1.2亿美元。1997年实施新投资法以后，尤其是进入21世纪以来，针对旅馆和餐饮业的投资进一步增加。据统计，2001—2004年，旅馆和餐饮业的投资项目达390个，投资金额为7.56亿美元。其中，新项目241个，老项目（原国有企业改制后的恢复和扩建项目）149 个；当地人投资的项目 145 个，外国人投资的项目 120 个，当地人和外国人与政府合资的项目 125 个。

（二）特色产业与产业政策

1. 畜牧业

（1）概况

坦桑尼亚畜牧业历史悠久，畜牧业资源丰富，全境 40% 以上的地区都具有畜牧业发展的良好条件。草原面积 35 万平方千米，有牛、绵羊、山羊、猪等牲畜，其中，畜种以牛、羊为主。2010 年，全国约有牛 1950 万头，山羊 1290 万只，绵羊 420 万只，猪 49.5 万头，鸡 3350 万只，鸭 1323 万只。但坦桑尼亚畜牧业生产率很低，畜牧产品及畜力未得到充分利用，肉类和乳制品的自给仍较困难。畜牧业产值不足农业总产值的 10%。目前，坦桑尼亚主要靠天然放牧，粗放的游牧、半游牧广泛分布于中央干旱半干旱地区，集中在 8 个行政地区：欣延加、姆万扎、辛吉达、马腊、塔波拉、阿鲁沙、曼亚拉和多多马。现代化牧场较少，牧区主要在东北部和西南部。

（2）畜牧业的发展状况和政策

20 世纪中期坦桑尼亚实施结构调整计划以后，尤其是 20 世纪 90 年代以后，一些人开始投资建立私人养鸡场和养猪场，还有人投资建立了中小型牧场（肉牛场）和牛奶场，坦桑尼亚畜牧业有了起色，牛和羊的存栏量不断增加，通过市场销售的牛羊肉、鸡蛋、鸡肉、牛奶日益增加，出口的毛皮也越来越多。

据统计，改革前的1980—1986年，坦桑尼亚家畜年均存栏数目分别为：牛1214万头，山羊642万只，绵羊328万只。改革后的1987—1998年家畜年均存栏量为：牛1346万头，山羊936万只，绵羊354万只，比改革前的1980—1986年期间分别增长10.8%、45.8%和8%。畜产品的增加则更为明显。改革前的1980—1986年畜产品年均产量为：牛奶5.17亿升、肉类17.99吨、毛皮3.02万吨、鸡蛋2.64亿个；改革后的1987—1998年畜产品年均产量为：牛奶5.81亿升、肉类22.85万吨、毛皮4.06万吨、鸡蛋3.69亿个，比1980—1986年期间分别增长12.4%、27%、34.4%和39.8%。

随着经济改革的深入，政府于1997年提出畜牧业发展政策。这一政策的宗旨是：发展畜牧业，增加市场上畜产品的供应量，以及增加毛皮、活家畜和其他畜产品的出口量，提高广大农牧民的收入，实现减贫目标；增加国内市场肉、蛋和奶等畜产品的供应量，以提高人民的营养水平，并提出争取到2005年达到年人均消费牛肉4.83公斤的水平，比1997年的3.47公斤增加39%。其主要措施包括：鼓励私人资本投资于畜牧业，鼓励私人资本参与畜产品加工、销售和出口工作；政府的任务主要是根据情况的变化制定相关政策和规定，并予以监督实施，同时要加强畜牧业科研部门的工作，为广大农牧民提供科技服务；对国有畜牧业公司和企业实行私有化；鼓励农牧民所在社区建立储蓄所、信用社、信托基金和乡村银行等，政府帮助发展切实可行的畜牧业信贷系统；在牧业区组织牧民协会，以提高牧民出售产品、购买农用物资、组织产品市场和传播新技术等工作的效率；政府将建立畜牧业生产和国内外市场对畜产品需求的数据库，为全国农牧民提供信息服务。

近年来，政府认真实施1997年的畜牧业发展政策，增加了对畜牧业部门的投入，坦桑尼亚畜牧业得到了较好发展；加强科研工作，为农牧民和大牧场及牛奶场培育了优良种牛。据报道，2002—2003年，政府畜牧业研究中心就培育了约20万头良种肉牛；培育出10万多头良种奶牛。加强了畜牧业基础设施建设，在全国广大牧区的草原上修复或新建了一大批家畜饮水池、家畜休息场和夜间牛栏等。为了保证将活牛或活羊及时从乡村地区运到城镇地区屠宰场，或运到港口装船出口，中央铁路一线增加了3列运送牲畜的火车，并在沿途30个车站修建了运送牛羊等上车的相关设施。在全国牧区增设了15个兽医站。2002年2月政府做出对国有大牧场、奶牛场和肉类加工厂全部实行私营化的决定后，现在已经把坦噶尼喀罐头有限公司、乌特基奶牛场、鲁伏奶牛场和伊胡姆布奶牛场等先后转让给私人（包括外国人）经营。这些举措，对推动畜牧业的全面发展，提高各种畜产品的质量，发挥了积极作用。

经过几年努力，坦桑尼亚的畜牧业出现了新的发展。坦桑尼亚牲畜头数每年增长5%，截至2022年，坦桑尼亚的牲畜存栏量在非洲地区排名第三，其中牛的数量为2880万头，占坦桑尼亚全国牲畜数量的90%。然而，坦桑尼亚97%的家畜都是由中小散户所有，没有大型的现代化养殖场，畜牧业生产力和产量仍保持在较低水平。

2. 采矿业

（1）概述

坦桑尼亚矿产资源丰富，有 8 个绿岩带，地层大多属太古代岩石，历史上曾生产过近百吨黄金。坦桑尼亚大陆、桑给巴尔及近海海域有若干储油前景良好的区域。目前已有多家矿业开采公司在坦桑尼亚注册，主要依靠外国资金和技术，其中大部分从事黄金开采。此外，澳大利亚、加拿大、爱尔兰等国公司在坦桑尼亚从事石油勘探；世界银行、欧洲投资银行等资助坦桑尼亚开发松戈松戈气田（探明储量 300 亿立方米），由加拿大管道公司负责建设；有美国公司拟在姆特瓦拉地区建设天然气发电厂和输电线；另有外国公司正与坦桑尼亚探讨开发姆纳西湾气田项目（探明储量 150 亿立方米）的可行性。

目前，除黄金、铁、镍、天然气等矿产资源已进行较大规模开发外，其他多数矿产资源仍未得到有效开发利用。除了西北部地区，其他地区基础勘查工作情况较差，很多地区的找矿潜力还有待跟踪。

（2）矿业发展的战略与政策演变

坦桑尼亚的矿产能源开发战略和政策与该国同期的政治形势、经济战略和政策紧密相连，大致分为三个阶段：第一阶段是独立之初的国有化阶段，在该阶段，矿业与其他产业一样收归国有，由于缺乏合适的激励，矿业发展停滞不前；第二阶段是结构调整阶段，促进投资和私有化风潮盛行一时，国际资本大量涌入，矿业尤其是金矿发展势头猛增；第三阶段就是迄今为止的政策调整阶段，矿业不仅被视为经济发展的重要引擎，更将其与减贫和促进可持续发展的贡献联系起来，并纳入国家整体发展规划。

1）独立之初的国有化阶段

20世纪60—80年代，一系列政策改变了坦桑尼亚矿业的发展轨迹，使其总体呈现出衰落的景象。在1967年的《阿鲁沙宣言》发布实施之前，坦桑尼亚的市场经济较为兴盛，矿产多为私人所有，发展绩效也不错，矿业产值曾一度占到国内生产总值的10%。但随着"乌贾马运动"的推行，国有化浪潮兴起，国家掌控了大部分的采矿公司。

2）20世纪80—90年代的结构调整阶段

坦桑尼亚自1986年接受国际货币基金组织和世界银行的结构调整方案以来，连续3次实行"三年经济恢复计划"，加强与西方捐助国和国际金融机构之间的联系，以吸引外资、减免外债和获得更多援助。如何为国内的矿业与能源发展引入更多的国际资本成为当时坦桑尼亚政府亟须解决的问题。为此，坦桑尼亚就有关能源与矿产的政策与法规作出了一系列的调整。

1988年坦桑尼亚修改了《矿业法》的相关文本，在协定范本中删去了政府拥有多数股权的要求。1990年，《国家投资（促进和保护）法》被废除，《坦桑尼亚投资法（1997年）》颁布实施，并于同年成立了坦桑尼亚投资中心，主管协调、鼓励、促进和推动外国资本在坦桑尼亚的投资，协助投资者获取进行投资所必需的许可证、批准书等。同时,《坦桑尼亚投资法（1997年）》中明确作出了投资不被国有化和征收的规定。1997年坦桑尼亚政府制定了"矿产行业产业政策",指出坦桑尼亚要力争在未来的25—30年内,把矿业建设成为充满活力、构架良好、规模适中、环境友好的行业,并且占国内生产总值10%以上的份额。1998年坦桑尼亚政府通过的《矿业法》取代了1979年的《矿业法》,成为日后当地管理矿业的主要法律依据。

此外,这一时期坦桑尼亚政府还制定了许多有关能源与矿产开发、石油勘探与开采的优惠政策。良好的政策环境为外国资本提供了保障,有力地推动了坦桑尼亚矿业、石油行业的发展。

3）21世纪以来的政策调整阶段

随着结构调整政策的实施,尤其是20世纪90年代以来系列投资促进政策的实施,大量外资的引入促进了坦桑尼亚矿业的发展。矿业产值快速增长,矿产的工业化也趋于多样化,已开发的矿种不断丰富,除了黄金、金刚石、宝石外,还有煤、天然气、锡、高岭土等。但矿业为国民经济发展所作的贡献并不如其本身发展得那么迅速,矿业占国内生产总值10%的目标远远没有实现,为了改善这种局面,坦桑尼亚政府开始对一些优惠政策进行调整。

根据2015年的《石油法》和2010年的《矿业法》,采矿权持有人和采矿承包商有义务缴纳税款,包括企业所得税（30%）、资本利得税（30%）、预扣税（10%）和其他税款。

由权益转让或处置产生的利润也需要缴纳税款，这些税款由坦桑尼亚税务局收取。2017年6月，坦桑尼亚政府通过了具有重要意义的法律，对该国的采矿业治理产生了重大影响，包括《自然财富和资源合同法》《自然财富和资源（永久主权）法》和《书面合同（杂项修订）法》。这些法律赋予议会权力，允许政府重新谈判任何被认为不公平且包含不合理条款的协议。其他条款授权政府在该国运营的采矿公司中拥有至少16%的股权，并有权获得最高50%的股权。

坦桑尼亚政府鼓励在本国进行更多的增值活动，包括矿物的冶炼和加工。矿业部门对进口的机械和物资依赖较大，投资者可以零关税进口资本货物。由于目前矿业公司依赖柴油发电机，因此对更好的电力替代品存在很大需求。在电力网络和铁路系统不可靠的情况下，对替代能源和运输解决方案也有很大需求。

坦桑尼亚的矿业产业在非洲地区具有重要地位，矿产品出口值不断增长，特别是黄金。政府的法律和政策变化旨在增加透明度和问责机制，促进投资和增值活动。投资者在矿业领域可以寻求各种机会，进行金矿冶炼活动、合作供应设备等。坦桑尼亚政府鼓励矿业公司采购本地货物和服务，并支持替代能源和运输解决方案的发展。

3. 旅游业

（1）得天独厚的旅游资源

坦桑尼亚拥有十分丰富的旅游资源。非洲三大湖泊维多利亚湖、坦噶尼喀湖和马拉维湖均在其边境线上。海拔5895米的非洲第一高峰——乞力马扎罗山世界闻名。

（2）旅游管理法律法规

坦桑尼亚建国以来，先后颁布过4部重要的旅游业法律法规：

1963年颁布的《酒店法》，主要规定了国家酒店协会的职责，包括发送执业资格、对酒店进行监督和分类、创立并实施行业标准等。因为缺乏资金来源，这部法规并没有产生多少作用。1969年颁布的《旅游代理商法》主要涉及旅行社经营和旅行商品生产的政策。1972年颁布《酒店征税法》，规定了酒店经营业务的税务规则。1992年颁布的《坦桑尼亚国家旅游局法》与坦桑尼亚旅游协会一起产生，是坦桑尼亚较为完整的一部旅游业法规。

（3）发展历程和政策

20世纪80年代以来，为振兴旅游业，增加外汇收入，坦桑尼亚政府不断采取措施，进行改革，使坦桑尼亚的旅游业出现了新的发展机遇。坦桑尼亚政府1980年制定和实施了"旅游业发展十年计划"。在计划的前5年，坦桑尼亚大陆就新建旅馆11家，扩建2家。截至1985年，坦桑尼亚大陆拥有11家大酒店和5家小旅馆。11家大酒店包括，位于达累斯萨拉姆的乞力马扎罗酒店、新非洲酒店和"大使馆"酒店，位于达累斯萨拉姆市郊区的昆杜奇海滨酒店，位于姆万扎的新姆万扎酒店，位于阿鲁沙的梅鲁山酒店（现更名为新阿鲁沙酒店），位于莫希的"七七"酒店，位于马尼亚拉湖畔的马尼亚拉湖酒店，位于恩戈罗恩戈罗火山口一侧的恩戈罗恩戈罗野生动物园酒店，位于塞伦盖蒂动物园内的塞罗内拉野生动物园酒店，位于坦噶的新征途酒店。5家小旅馆分别是米库米野生动物园旅馆、莫希旅馆、马菲亚旅馆、沙乌伊旅馆和洛博野生动物园旅馆。

为解决资金不足问题，政府兴建新酒店时采取了与外国合资的办法，如与丹麦合资的梅鲁山酒店，政府占80%股份；新姆万扎酒店，政府占50%股份。姆维尼执政后，对旅馆业管理工作进行改革，1985年11月成立旅游协调促进委员会，制定了"旅游业发展五年计划"，提出旅游业每年要为国家赚取2亿美元外汇的目标。其措施主要是改变酒店管理方式，实行由私人承包、聘请外国公司代管或与外资合营。另外，加强旅游业（包括酒店）工作人员的培训工作，以提高服务质量；降低野生动物园门票价格，以吸引更多游客。到1992年，坦桑尼亚国家旅游公司下属的16个饭店和酒店，已有9个由私人公司承包，4个由外国投资的酒店按政府计划由外方接管了管理权，其余则聘请了外国公司代管。在这种情况下，1992年政府撤销了国家旅游公司，坦桑尼亚的旅游业直接由政府旅游部负责。

姆卡帕执政后，继续以私有化为动力，推动旅游业的发展。政府1996年制定了一项新的"旅游业发展五年计划"：争取到2000年旅游人数增加到50万人次；旅游业年收入达到5亿美元。其主要措施包括：第一，鼓励私人投资，全面落实1993年政府决定的对酒店和饭店全部实行私有化的计划，以提高服务质量；第二，为改善旅游业基础设施，一方面鼓励私人投资，另一方面政府率先投资1.5亿美元。1999年9月，政府又制定一个"旅游业发展十年计划"。规划的总目标是：争取到2010年旅游部门对国内生产总值的贡献从1999年的16%增加到25%—30%。实现这一目标的政策措施包括：在国内外加大对坦桑尼亚旅游景点的宣传力度，拓宽旅游业市场；发展多元化旅游项目，全面推动观光旅游、文化旅游、生态旅游、休闲度假、科学考察等旅游项目的发展，以增加外国游客量；培养旅游业人才，加强对旅游业的管理，提高旅游服务质量；进一步鼓励私人投资，改善旅游业发展的基础设施，如酒店、餐馆、交通和通信条件等。经过几年的努力，尤其是1996年政府调整投资政策和1997年出台的《坦桑尼亚投资法（1997年）》，为投资者提供了更多的优惠条件以后，坦桑尼亚旅游业基础设施得到明显改善。

2014年，受到埃博拉病毒影响，赴坦桑尼亚旅游人数下降了11.2%。坦桑尼亚国家统计局2016年的数据显示，受西欧国家一系列恐怖袭击事件的影响，2016年旅客人数再次呈现负增长。

2018年、2019年坦桑尼亚旅游人数逐年增加，旅游收入增加，人均消费能力也有所增加。坦桑尼亚旅游业在其国民经济中发挥着重要的作用，坦桑尼亚政府将其作为国家减贫战略的重要组成部分来推进，鼓励外商投资旅游业，重视发挥私营企业在旅游业发展中的主导作用。

表 4-5 坦桑尼亚旅游趋势一览表

年份	2011年	2012年	2013年	2014年	2015年	2016年	2017年	2018年	2019年	2022年
到访旅客（亿人）	9.95	10.35	10.87	11.38	11.89	12.25	13.22	14.03	20.18	45.49
收入（亿美元）	13.53	17.13	18.53	20.06	19.02	21.32	22.50	24.12	26.05	25.28
平均居住时长（天）	10	10	10	10	10	9	10	10	13	9
日均支出（美元）	286	290	284	221	178	199	161	193	266	214

资料来源：坦桑尼亚国家统计局。

二、坦桑尼亚市场投资机会与中坦产业合作

（一）坦桑尼亚市场投资机会

1. 坦桑尼亚基础建设领域发展前景

坦桑尼亚交通运输严重滞后于经济发展需要，国内主要以公路运输为主。坦桑尼亚拥有里程长约8.5万千米的公路干线，公路运输量占全国总运输量的60%。公路还是非洲东南部诸国重要的出海通道，主要有从达累斯萨拉姆至赞比亚、马拉维、刚果（金）的公路，从达累斯萨拉姆至阿鲁沙进而通向肯尼亚的东部走廊，以及可通向布隆迪、乌干达、卢旺达等国的维多利亚湖沿岸公路等。此外，从坦桑尼亚南部纳曼加直通埃塞俄比亚的公路及坦噶尼喀湖东岸公路等尚待改建，由于其地

理位置十分重要，目前已被列入东非公路网建设计划。早在1997年，坦桑尼亚大部分公路被厄尔尼诺现象引发的洪水毁坏，而洪水造成的破坏至今尚未完全得到修复。由于资金短缺，坦桑尼亚政府于1999年底制订的、计划在2000—2010年间建设2500千米公路干线的"公路发展十年规划"尚未实施。

尽管坦桑尼亚以公路运输为主，但是目前坦桑尼亚境内的铁路运输也在高速发展。坦桑尼亚铁路总长3667千米，主要有坦赞铁路、中央铁路和东非铁路等。上述铁路连结坦桑尼亚大陆共17个省，并与赞比亚、刚果（金）、布隆迪、卢旺达、乌干达及肯尼亚等国铁路相连，形成密集的铁路网络，是东非各内陆国家重要的出海通道。

1976年，由中国、坦桑尼亚和赞比亚三国合作建成的坦赞铁路在坦桑尼亚的社会和经济发展中发挥了重要的作用。坦赞铁路全长1860.5千米，其中坦桑尼亚境内有975.9千米。该铁路于1968年开始勘察设计，1970年10月动工兴建，于1976年7月14日提前通车，并移交坦桑尼亚、赞比亚两国政府。目前坦赞铁路暂由坦桑尼亚、赞比亚两国政府根据《坦赞铁路法》共同管理。在三国合作建造铁路的工程中，中国政府不仅提供了高达9.88亿元人民币的无息贷款，还发运各类建设用物资近100万吨，共先后派遣工程技术人员5万人次。坦赞铁路移交后，中国、坦桑尼亚、赞比亚三国政府在经济技术方面一直保持着合作关系。运营40多年来，坦赞铁路运送旅客4000多万人次，运输货物超过3000万吨。然而，当时确定的坦赞铁路建设技术标准较低，加之经营管理不善、成本居高不下、人力资源匮乏、资金严重不足等原因，目前铁路设备设施老化，运输动力严重不足，机车车辆缺乏。此外，由于线路、桥梁、轨道等设备年久失修，加之通信设备种类多、可靠性差、偷盗严重等问题突出，安全隐患不断增加，安全事故频发，严重影响铁路运输效率。

坦桑尼亚的水路运输可分为湖泊航运、沿海航运和远洋航运三大航运。沿海有桑给巴尔、达累斯萨拉姆和姆特瓦拉以及坦噶四大港口。该四大港口辐射范围广阔，中部非洲各国的许多货物均需通过上述港口转运。其中达累斯萨拉姆港为坦桑尼亚最大港口，该港口为天然深水港，设计规划年吞吐量1010万吨，但目前年吞吐量仅为400万吨，还有进一步开发的空间及潜力。达累斯萨拉姆港水域开阔，约有95万平方米，港内避风浪条件良好，即使有强风大浪，对港内也无大的影响。港区主要码头泊位有11个，岸线长2016米，最大水深为10米。在坦桑尼亚原有的国家远洋运输公司倒闭之后，目前唯一一家远洋运输公司是中坦联合航运公司，该远航公司由中国和坦桑尼亚双方合资经营。

坦桑尼亚的建筑业发展迅速，约有2100家建筑承包商在坦桑尼亚当地注册，但其中80%以上的承包商规模较小，并且按坦桑尼亚建筑业标准来衡量，这些建筑承包商仅具有5—8级资质。每年在坦桑尼亚的承包市场的发包量约5亿美元，尽管在当地注册的承包商为在坦桑尼亚境内开展业务的总承包商数的90%，但这些承包商却只承担不到20%的工程，而且主要是集中在房屋建筑方面的工程，其他80%的工程项目主要由外国公司承揽。

　　坦桑尼亚是世界银行多边投资保障局成员之一，也是世界贸易组织的签字国。由于在发展资金上的严重缺乏，在20世纪90年代中期，坦桑尼亚政府逐步认识到，要摆脱贫困并使经济得到快速发展仅靠自己的能力是难以完成的。同时，随着全球化步伐的加快，为了避免在经济全球化浪潮中被边缘化，必须大力引入外资。在这层思考下，坦桑尼亚政府先后制订并颁布了一系列法律法规、政策和措施等，着重改善投资环境以吸引外资，并且取得了一定的成效。例如，为鼓励和吸引外资，坦桑尼亚政府在1997年颁布了《坦桑尼亚投资法（1997年）》。该法规规定了外国独资企业或合资企业投资额在50万美元以上的，可以向坦桑尼亚投资中心申请"投资优惠证书"，以此享受税收优惠政策：外资企业可享受一定比例的资本返还，同时还保证企业投资利润和分红可以无条件地通过任何经批准的商业银行以自由兑换货币汇出。虽然坦桑尼亚土地归国家所有，但根据使用目的不同，国内外使用者可分别获得33年、66年和99年不等的土地使用权。同时，坦桑尼亚政府还分别以优惠的税收政策及严格的雇佣关系的法律体系来维护投资者的利益，改善投资环境，以吸引外资注入。

　　坦桑尼亚具有丰富的自然资源以及强烈的发展经济愿望，在这基础上市场投资机会和潜力较大。坦桑尼亚基础设施市场潜力大，且与中国长期保持着友好关系，是中国实施"走出去"战略的重要组成部分。

2. 坦桑尼亚电信行业发展前景

（1）信息通信技术现状

政府改革是促进信息通信技术改善的重要因素之一，政府的发展援助和私营企业的兴起鼓励了电信行业的私有化和自由化。尽管坦桑尼亚在电信基础设施方面有进步，但是经营者仍在信息通信技术行业寻找投资机会，进行新的投资。

坦桑尼亚是东非仅次于肯尼亚的第二大电信市场，截至2023年上半年，坦桑尼亚共有电信运营商5家，分别为沃达康、艾泰尔、蒂戈、Halotel 和 TTCL。其移动市场份额分别为34%、28%、27%、3%和2%。

根据坦桑尼亚通信监管局政策规定，2017年开始，坦桑尼亚用户可以保持原有电话号码更换运营商并享用原有的移动服务，包括手机移动银行在内，成为世界上首个实现移动运营商互联互通的国家。这一政策使多家运营商打出价格战，以更低更实惠的话费流量套餐争取普通用户。例如，沃达康单日2GB流量为2500先令（1.08美元），蒂戈就推出2000先令（0.87美元）单日1.5G流量套餐。对移动互联网用户来说，降低了移动数据的使用成本。

（2）移动互联网服务

坦桑尼亚通信和信息技术部部长在第45届达累斯萨拉姆国际贸易展参观全球通信基金展位时表示，截至2022年4月，2G信号覆盖率超过85%，3G覆盖率超过30%，4G覆盖率不超过20%。而且，政府对信息通信技术基础设施的发展力度也

第四章　坦桑尼亚产业发展与合作机会

在加强。

根据坦桑尼亚通信管理局发布的报告，截至2023年上半年，坦桑尼亚手机用户总数约5200。而根据坦桑尼亚统计局数据，2021年，坦桑尼亚的互联网用户数量估计为2052万，其中移动互联网用户数量估计为1980万。预计到2025年坦桑尼亚网民数量将达到2712万，其中99.8%的人将通过手机上网。坦桑尼亚是仅次于肯尼亚的东非第二大移动支付市场。根据坦桑尼亚通信管理局发布的报告，截至2021年9月，坦桑尼亚移动钱包总数达3315万，53%的人拥有移动钱包账户，移动钱包用户规模达1266万，以38%的占比高居市场第一。蒂戈和艾泰尔分列第二、第三位，占比分别为25%和21%。2021年1月，坦桑尼亚通信和信息技术部部长表示，坦桑尼亚每月移动支付交易数量约为3亿笔，总额达77.62亿美元。

虽然目前坦桑尼亚负担通信服务的能力有限，但随着经济的发展，对通信服务的需求以每年超过50%的速度递增。因此，对于投资者来说，目前坦桑尼亚非常有吸引力。

为了改变坦桑尼亚电信基础设施落后的局面，缩小与其他国家的数字鸿沟，2007年坦桑尼亚政府规划了一个五期的国家信息通信技术宽带骨干网项目。该项目由中国通信建设集团有限公司承建，资金来源为中国进出口银行优惠贷款，分别于2010年、2012年、2018年完成了一期、二期、三期一阶段的建设并投入使用。目前正在推进该项目三期二阶段。坦桑尼亚国家信息通信技术宽带骨干网项目不仅取得了良好经济和社会效益，也提高了坦桑尼亚的国际地位，是实现其2025年发展愿景的主要推动力之一。

3. 坦桑尼亚医药行业发展前景

坦桑尼亚社会状况的改善得益于经济的持续增长。自1990年改革起，坦桑尼亚政府出台了积极的社会投资政策，以加速教育、医疗保健以及其他领域的改革与发展。这些公共领域的高速发展刺激了国内对卫生和教育部门的私人投资，掀起了公共行业私人投资热。

坦桑尼亚在1991年颁布了关于民营医院（规定）的修正法案。按照此修正法案，个体合格的医师和牙医经过卫生部门许可后可以经营私人医院。

这项规定对于私人医疗服务人员，以及源于印度和其他新兴市场国家的公司来说，无疑是一个巨大的商机。当然，这些私人医院的崛起也将进一步推动坦桑尼亚医疗保健行业的发展。

随着在私人医疗卫生领域投资的不断增长，医药行业也在不断完善，主要体现在坦桑尼亚医疗护理标准的提高。随着标准以及法律法规的完善，社会对新型现代医疗设备、器械、药材等的需求不断增加，这又将推动私人医药行业的发展，以此良性循环，直至医药行业的完善。就目前而言，医药行业的投资前景相当广阔。

另外，在上述良性循环中，现代医院的建立和发展也将带动相关行业——医疗保险行业的发展，这也是最近引起政府和社会关注的一个方面。当然，对医生、护士等医护人员培训及培训器材的需求也将增加，这也会刺激医疗教育培训等各需求方面的增长。

4. 坦桑尼亚农业产业发展前景

（1）农作物生长的优势

位于赤道以南、非洲东部的坦桑尼亚属于热带气候，东部沿海以及内陆部分地区为热带草原气候，而西部的部分地区为热带山地气候。在坦桑尼亚境内，大部分地区平均气温为21摄氏度至25摄氏度之间，为农作物生长提供了充足的光与热。坦桑尼亚主要有单峰降雨和双峰降雨两种，短期地区年降雨量在200—500毫米之间，长期地区年降雨量可达1000毫米，均可以满足农作物生长的需求。

坦桑尼亚江河湖泊众多，主要河流有潘加尼河、鲁菲季河、鲁伏河、瓦米河等，主要湖泊有坦噶尼喀湖、维多利亚湖、马拉维湖等。除了地上水，还有部分地下水也可用作农业灌溉。总体来说，灌溉水源充足。

坦桑尼亚国土面积94.5万平方千米，其中44万平方千米适合农业耕作，50万平方千米适合畜牧。然而，目前待开发区域超过50%。

自1990年改革以来，坦桑尼亚政府也加大了对农业方面的改革。根据土地改革法，私营企业可以参与经济作物的进一步加工、营销产业的竞争，以提高经济作物的附加值，用市场的作用提高农业产值。

另外，坦桑尼亚在农业投入方面，如化肥、杀虫剂、杀菌剂以及农业机械、农具等均为进口。当地政府对这些农业投入实行进口免税政策，大大降低了农业投入的成本，不论是对外国投资者还是本国投资者来说，其对农业投入、产出各产业链的投资都是有利的。

（2）农业多样性

由于充足的光热、水等自然资源，加上适宜的气候条件，坦桑尼亚适宜种植的农作物多种多样，其中经济作物包括腰果、棉花、烟草、茶叶、咖啡等，而粮食作物不仅有水稻、豆类，还有适宜在半湿润半干旱或干旱地区生长的小麦。

就目前来说，坦桑尼亚境内的咖啡庄园主要集中在卡盖拉、鲁伍马、力马扎罗、鲁沙、伊林加、鲁夸以及坦噶等区域。随着咖啡文化在亚太地区的引入，全球对咖啡，特别是有机咖啡的需求量不断增加。因此，坦桑尼亚可以发展自主咖啡品牌，并进行深加工，增加咖啡的附加值。当然，也要进一步提高咖啡的生产量，可以在马拉、乌凯雷韦、伊林加、基戈马等地区进一步拓展大咖啡园的疆域。

除了上述所提到的农作物，坦桑尼亚还适宜生产剑麻、甘蔗、玉米等经济作物。剑麻不仅可以用来纺织和编制，还可以作为其他产品，例如沼气、药物、压缩板等的原料。除此之外，甘蔗、玉米等也可以用于饲料、酒精生产等，促进农业的循环利用以及可持续发展，甚至推动清洁能源的发展，改善环境。

就目前来说，坦桑尼亚的农业经济还处在二元化阶段。虽然商业化耕作正在大规模发展，但一些偏远的农村地区的农业生产尚且只能满足或还未能满足当地的生存需求。这也说明，在坦桑尼亚，农业在供给与需求上尚存在巨大缺口。

在坦桑尼亚，发展农业具有很多竞争优势：首先，坦桑尼亚优越的气候、丰富的自然资源等，为农作物的多样性打下了基础；其次，政府重视农业的发展，正不断健全农业基础设施，出台相关政策以保障农业的发展；最后，公共基础设施，如港口、公路运输以及铁路网、国际机场的建设与完善，为投资者在坦桑尼亚投资、发展农业降低了投入成本等。综上所述，在农业产业中，坦桑尼亚有着适宜的投资环境，也存在进一步开发的空间。

（二）坦桑尼亚产业投资风险及防范

1. 坦桑尼亚的政治风险

整体来看，坦桑尼亚政局相对稳定，长期以来投资环境较好，可以保障外资企业的投资与发展。但是，综合考虑各方面因素的影响，坦桑尼亚政治环境中也存在着对外资企业甚至是本国企业发展不利的因素，对商业及投资环境造成了很大限制。首先，由于民族关系复杂、种族矛盾突出，在坦桑尼亚的部分地区，局部冲突和恐怖暴力事件时有发生，很大程度影响着当地企业的正常经营。且坦桑尼亚邻国较多，一旦其边境地区或是邻国发生动乱，则容易受到周边国家和地区的冲击与影响，导致一系列连锁反应，进而损害投资方的利益。此外，坦桑尼亚是由坦桑尼亚大陆和桑给巴尔以及奔巴岛三部分共同组成的，作为组成的一部分，桑给巴尔实际上是一个半自治区，也具有相应的自治权，不久前桑给巴尔就曾要求坦桑尼亚当局对其环境独立予以承认，提交申请加入印度洋委员会的请求，桑给巴尔这一举动触及了坦桑尼亚国内一直以来的敏感话题——主权问题。而且近年来在桑给巴尔出现了激进恐怖主义，这些恐怖主义的存在也给坦桑尼亚国家安全造成了一定影响。

2. 坦桑尼亚的经济风险

坦桑尼亚政府一直实施赤字财政政策。2014—2016年，坦桑尼亚财政赤字缩小，主要源于进口贸易额减少以及国内旅游业收入和黄金出口增加。但2017年初政府全面禁止矿砂出口后，矿业出口收入受到影响，财政赤字开始扩大。随着石油价格上涨和发展项目的物资采购量增加，预计坦桑尼亚进口将继续增长，财政赤字也随之扩大。

中短期内坦桑尼亚先令将维持贬值走势。在坦桑尼亚当地货币先令可自由兑换的前提下，尽管坦桑尼亚中央银行会通过政府干预来减小汇率的大幅波动，但先令的走势最主要还是由市场力量决定。自2009年起，坦桑尼亚先令持续对国际主要货币（如美元、英镑等）小幅度贬值，2014年坦桑尼亚先令对美元汇率为1美元兑1660先令，2021年坦桑尼亚先令对美元汇率为1美元兑2503先令。

贸易和经常账户逆差显著收窄。2013—2015年，坦桑尼亚经常账户余额占国内生产总值的比重分别为 -10.1%、-10.1%

和 -8.4%，经常账户逆差规模较为稳定。2016—2017年，坦桑尼亚经常账户逆差显著收窄，占国内生产总值比重由 -4.5% 下降到 -3.8%，截至2021年，随着进口石油以及机械设备的减少，出口同时保持高度持续增长，贸易逆差继续减少。外汇储备主要来自于外部援助。

3. 坦桑尼亚投资环境风险

税收减免政策在未来面临调整的可能。坦桑尼亚税收结构由直接税收和间接税收两部分组成。直接税收指所得税和财产税，包括企业所得税、个人所得税、小型业主所得税、资本收益税、个人技能和发展培训税以及预扣税等；间接税收指消费税和国际贸易税收，包括增值税、印花税、进口税、消费税和其他税赋。在过去的20多年间，坦桑尼亚致力于税收体系改革，通过扩大纳税基础、简化税率和加强税收管理来增加国内财政收入。2021年，坦桑尼亚政府成立了一个由经济、税务、财政等领域的专家组成的10人委员会，用6个月时间，对国家财政收入和支出情况进行审查，以期调整国家财税体系，提高政府财政收入和管理水平。外国投资者在坦桑尼亚可以享受税收减免优惠，但过度的税收减免优惠导致财政收入不断下降，这造成的财政赤字使得当局在未来有可能对此投资政策进行调整，降低税收减免的幅度，这也可能导致未来投资者面临的税收增加，特别是矿业部门。

坦桑尼亚的人口分布极不平衡，干旱区人口密度仅为每平方千米1人，而可浇灌高地的人口密度却高达每平方千米130

人。劳动力受教育程度普遍较低，不足5%的劳动力高于小学水平。由于不能满足职业要求，大学生就业难度也较大，造成结构性失业。基础设施仍不足与尚待完善。

坦桑尼亚的行政效率较低。尽管马古富力总统2015年10月上任后推行一系列措施努力提高政府工作效率，但政府效率低下仍然是坦桑尼亚吸引外商投资的障碍之一。坦桑尼亚政府仍存在较为严重的官僚主义，办事效率还有待提高，官员腐败现象时有发生，导致企业运营成本上升。部分政府执法部门过度执法、恶意执法增加，有时干扰企业正常经营。

坦桑尼亚的腐败问题也较为严重。近年来，坦桑尼亚腐败案件频发，政府高调调查腐败案件不仅是展示反腐决心，也有迫于社会和援助国的压力。具体来说，采购、许可、清关和纳税环节的贿赂现象严重，能源、采矿、航空和基础设施部门的腐败风险最高。

4. 投资坦桑尼亚的风险防范

中国政府可以进一步扩大企业在坦桑尼亚的自主权，以提供更多自主的发展选择空间；可以尝试根据当地的实际情况，调整国内现有国有企业股份制的模式，并运用到在坦桑尼亚投资的国有企业上面；除此之外，为增大投资规模形成规模经济、提升技术水平，也可以在维持中国控股基础上吸收一部分其他资本投资，以降低国家负担，同时能够有充足的资本使企业得到进一步发展；为减少企业对政府的依赖，可适当改变一贯的以援助为主的政策导向，要企业明白，到坦桑尼亚投资不仅能获得政府援助而且能获得可观利益；在长期的发展中，不能仅仅给予单纯的资金支持，而是要形成有利于帮助引导企业形成可持续发展道路的优惠政策。

加强对员工的培训，提高员工适应能力。除了对从中国到坦桑尼亚的优秀员工加强技能培训、提高其专业技能之外，还应该加强对其关于当地礼俗文化、饮食文化的教育，使员工更快适应当地的生活，克服"水土不服"；加强对当地员工的技能培训，提升其技能水平。这样一来，还可以促进中国文化在坦桑尼亚的传播，促进两国文化交流。

化压力为动力，提高竞争力。面对来自国内外的双重竞争压力，企业应该努力提高自身竞争力，强化在价格方面的竞争优势，弥补由于技术水平较低而导致竞争力不足的劣势，达到扬长补短的效果。但从长期发展的角度来看，企业应该加大技术创新的力度，依托坦桑尼亚的实际情况，适度而又合理地调整生产流程，改变技术方针以此来提升产品市场竞争力；拓展销售渠道并完善售后服务体系，以科技、服务等核心竞争力的软实力提高产品的市场份额，以服务取胜；同时树立良好的产品信誉，提高企业名誉度；在维护中国企业信誉的前提下，企业可采取灵活的经营方式，探索本企业在当地可持续发展的特色模式，从而提高企业经营的稳定性和适应性。

开源节流，降低成本。在短时期内，坦桑尼亚国内基础建设仍不完善，落后的基础设施并不会得到太大的改善或提升，这就需要在坦桑尼亚的企业根据实际情况，策划减少企业运营成本的方案，依托当地已有的交通路线来合理布局生产基地。

在坦桑尼亚，相较于内陆交通来说，其海运更为发达，中方企业可以利用优越的海运优势，考虑把生产基地建设在离港口、码头较近的地方，以节省交通成本。另外，中国工程建设企业也可以增加对坦桑尼亚工程建设、基础建设的投资，并协助其建设基础设施，在为本企业创造利润的同时，也对其他中国企业在坦桑尼亚的发展提供便利，达到共赢的目的。

参考文献

裴善勤、钱镇编著：《坦桑尼亚》，社会科学文献出版社 2019 年版。

[美] 凯法·M. 奥蒂索著，高华琼、熊琦、许冰琪译：《非洲译丛 3：坦桑尼亚的风俗与文化》，民主与建设出版社 2018 年版。

李小云等：《处在十字路口的坦桑尼亚：历史遗产与当代发展》，世界知识出版社 2015 年版。

商务部对外投资和经济合作司、商务部国际贸易经济合作研究院、中国驻坦桑尼亚大使馆经济商务处：《对外投资合作国别（地区）指南》，http：//www. mofcom. gov. cn/dl/gbdqzn/upload/tansangniya. pdf。

坦桑尼亚国家统计局网站：https：//www. nbs. go. tz。

坦桑尼亚税务局网站：https：//www. tra. go. tz。

坦桑尼亚工业和贸易部网站：https：//www. viwanda. go. tz。

坦桑尼亚外交部网站：https：//www. foreign. go. tz。

坦桑尼亚投资中心网站：https：//www. tic. go. tz。

坦桑尼亚财政部网站：https：//www. mof. go. tz。

世界银行网站：https：//www.worldbank.org。

坦桑尼亚中央银行网站：https：//www.bot.go.tz。

国际货币基金组织网站：https：//www.imf.org/zh/home。

坦桑尼亚政府网站：https：//www.tanzania.go.tz/

中国驻坦桑尼亚大使馆经济商务参赞处网站：http：//tz.mofcom.gov.cn。

坦桑尼亚财政计划部网站：http：//www.mof.go.tz。

坦桑尼亚工业、贸易和投资部网站：http：//www.mit.go.tz。

坦桑尼亚自然资源与旅游部网站：http：//www.mnrt.go.tz。

坦桑尼亚投资中心网站：http：//www.tic.co.tz。

坦桑尼亚对外贸易委员会网站：http：//www.bet.co.tz。

图书在版编目（CIP）数据

坦桑尼亚投资环境与产能合作研究 / 程永林，林琼婷，荆鑫峰编著. -- 北京：时事出版社，2024.10.（海上丝绸之路沿线国家投资环境与产能合作 / 隋广军，李青主编）. -- ISBN 978-7-5195-0600-1

Ⅰ. F142.5

中国国家版本馆 CIP 数据核字第 2024LJ3667 号

出 版 发 行：时事出版社
地　　　　址：北京市海淀区彰化路 138 号西荣阁 B 座 G2 层
邮　　　　编：100097
发 行 热 线：(010) 88869831　88869832
传　　　　真：(010) 88869875
电 子 邮 箱：shishichubanshe@sina.com
印　　　　刷：北京良义印刷科技有限公司

开本：787×1092　1/16　印张：11.25　字数：128 千字
2024 年 10 月第 1 版　2024 年 10 月第 1 次印刷
定价：98.00 元

（如有印装质量问题，请与本社发行部联系调换）